I0876420

TEXTES DE LA RENAISSANCE
sous la direction de Jean-Charles Monferran
240

Série *Scriptorium*
dirigée par François Rouget
6

Album Louise de Coligny

Album Louise de Coligny

Manuscrit 129 A 23 de la Koninklijke Bibliotheek, La Haye (Pays-Bas)

Édition critique par Jane Couchman et Colette H. Winn

PARIS
CLASSIQUES GARNIER
2021

Jane Couchman, professeure emerita d'études françaises et d'études des femmes au Collège Glendon de l'université York à Toronto (Canada), étudie la correspondance de femmes huguenotes des XVIe et XVIIe siècles en France et aux Pays-Bas.

Colette H. Winn, professeure emerita de langue et de littérature françaises à Washington University in Saint Louis (USA), se spécialise dans l'édition des écrits féminins des XVIe et XVIIe siècles.

© 2021. Classiques Garnier, Paris.
Reproduction et traduction, même partielles, interdites.
Tous droits réservés pour tous les pays.

ISBN 978-2-406-11973-9 (livre broché)
ISBN 978-2-406-11974-6 (livre relié)
ISSN 1262-2842

INTRODUCTION

L'Album de poèmes manuscrits de Louise de Coligny provient de la période tumultueuse des guerres de Religion en France et aux Pays-Bas. Offert comme cadeau de mariage à Louise de Coligny en mai 1571, l'Album semble l'avoir accompagnée tout au long de sa vie : après l'assassinat, lors du massacre de la Saint-Barthélemy en août 1572, de son père Gaspard de Coligny et de son premier mari Charles de Téligny, puis aux Pays-Bas en 1583, lors de son mariage avec Guillaume d'Orange, dit le Taciturne, enfin après l'assassinat de Guillaume l'année suivante et pendant son long veuvage. Déposé dans la collection des princes d'Orange-Nassau (issus du Stadhouder Frédéric-Henri, fils de Louise et de Guillaume), le manuscrit se trouve actuellement à la Koninklijke Bibliotheek à La Haye (la Bibliothèque nationale des Pays-Bas).

Le fait que ce manuscrit ait appartenu à l'une des femmes les plus respectées de la Réforme, membre des familles renommées de Coligny et d'Orange-Nassau, amie intime d'Henri IV, de Catherine de Bourbon et de Marie de Médicis (entre autres) et le fait qu'elle l'ait conservé auprès d'elle tout au long de sa vie, suffisent à nous convaincre de sa grande valeur. Le manuscrit fournit des renseignements précieux sur la propriétaire et sur son milieu. La prépondérance de poèmes mondains nous force à reconsidérer l'image que nous pouvions avoir des activités et des préférences d'une « grande dame de la Réforme ». Les lettres que Louise écrira plus tard dans sa vie témoignent en effet de l'intérêt qu'elle portait aux divertissements mondains propres à la classe noble à laquelle elle appartenait[1]. Les poèmes religieux contenus dans l'Album expriment, quant à eux, d'une part, le désarroi devant la violence qui déchire la France au temps des guerres de Religion, d'autre part, la confiance dans la possibilité de la coexistence des deux confessions au sein du royaume de France. À en juger par sa correspondance, c'est la paix religieuse que

1 Voir par exemple ses lettres du 15 décembre 1590 et du 26 mai 1601 (Coligny, 1887, p. 144 et 178-179).

Louise cherchait en soutenant Henri IV dans ses diverses démarches, lesquelles aboutiraient à la promulgation de l'Édit de Nantes.

L'Album porte les marques du processus de création : des écritures différentes, très soignées au début, puis moins élégantes et parfois même presque illisibles ; quelques ratures ; des dessins à l'encre noire plus ou moins réussis qui accompagnent certains poèmes ; des pages blanches signifiant le passage du temps, puis le retour à l'Album pour signaler un nouvel événement. L'apparence du manuscrit au moment de sa première création ne nous est pas connue. La couverture actuelle date du 18e siècle[2].

LOUISE DE COLIGNY, PRINCESSE D'ORANGE (1555-1620)

Louise de Coligny est née le 28 septembre 1555 au château de Châtillon-sur-Loing. La conversion au protestantisme de sa mère Charlotte de Laval en 1558 inspira celle de son père, Gaspard de Coligny, trois ans plus tard. Sa vie fut donc marquée par les premières guerres de Religion et par les absences fréquentes de son père dues tantôt à ses séjours prolongés à la Cour, tantôt à ses départs à la guerre. En 1562, puis encore en 1567, Louise s'installa avec sa mère, à Orléans, qui était à l'époque une des places fortes des huguenots. Charlotte de Laval s'épuisa à soigner les blessés et les malades et c'est là qu'elle trouva la mort en mars 1568. En août de la même année, avec plusieurs autres familles attachées à la Réforme, la famille se retira à La Rochelle auprès de Jeanne d'Albret et de son fils, le futur Henri IV[3]. Mais une nouvelle guerre devait bientôt forcer Coligny et ses alliés à s'éloigner une fois de plus.

À La Rochelle, la petite communauté, unie par des liens de famille, d'amitié et de clientèle, connut en 1570-1571 une période relativement sereine, l'Édit de Saint-Germain-en-Laye (8 août 1570) ayant mis fin à la troisième guerre de Religion. Les mariages de deux membres de la

2 Voir les Appendices I et II.

3 Sur les événements qui inspirèrent cette retraite, voir Cocula-Vallières, 2004, p. 39-43.

famille Coligny furent l'occasion de grandes réjouissances. Le premier, au mois de mars 1571, unissait deux personnes d'âge mûr, le patriarche Gaspard de Coligny, veuf depuis trois ans de sa première femme, à Jacqueline d'Entremont, venue exprès de Savoie pour le rencontrer (Delaborde, 1882, p. 289-293). En revanche, le second, le 26 mai, célébrait l'amour et l'avenir : Louise de Coligny n'avait alors que 16 ans et son conjoint, Charles de Téligny, en avait 36. Gaspard de Coligny, avec une ouverture d'esprit qu'on peut attribuer tout ensemble à son amour paternel et à sa foi réformée, avait fait écrire le passage suivant dans son testament :

> Suivant les propos que j'ai tenus à ma fille aysnée, je luy conseille, pour des raisons que je luy ay dites à elle-mesme, d'espouzer monsieur de Téligny, pour les bonnes conditions et aultres bonnes parties et rares que j'ay trouvées en luy. ... Mais... je ne veux user ny d'auctorité, ny de commandement de père ; seulement je l'avertis que, l'aymant comme elle a bien pu cognoistre que je l'ayme, je luy donne ce conseil, pour ce que je pense que ce sera son bien et contentement : ce que l'on doibt plustost chercher en telles choses, que les grands biens et richesses[4].

Louise exauçait donc les vœux paternels en prenant comme époux ce protégé de son père qu'elle connaissait depuis sa toute première jeunesse[5]. Présents aux deux mariages étaient les grandes figures de la Réforme : Jeanne d'Albret avec son fils Henri (le futur Henri IV) et sa fille Catherine ; Henri, duc de Condé ; son frère François de Bourbon, marquis de Conti ; Louis de Nassau, frère de Guillaume d'Orange ; le comte de la Rochefoucauld ; et François de la Noue, beau-frère de Téligny (Delaborde, 1890, p. 293 et 308). Les poèmes mondains des 54 premières feuilles du manuscrit célèbrent ce mariage si prometteur[6].

Mais cette période de paix, d'allégresse même, fut de courte durée. Jeanne d'Albret devrait bientôt partir pour Paris, où elle s'éteindrait en juin 1572, probablement de la tuberculose. Ses pourparlers avec Catherine de Médicis aboutirent au mariage de son fils Henri de Navarre avec Marguerite de Valois le 18 août suivant. Quant aux deux mariages célébrés avec tant d'optimisme à La Rochelle, ils n'allaient durer guère

4 Testament de Gaspard de Coligny, Ariac, 5 juin 1569. Voir Delaborde, 1890, p. 17.

5 Téligny avait été placé « dès sa plus tendre enfance » chez Coligny. Il avait connu Louise dès sa naissance et avait commencé à la fréquenter depuis 1563, à Châtillon et à La Rochelle. *Ibid.*, p. 7-8.

6 La tonalité sombre de certains de ces poèmes peut pourtant surprendre. Voir ci-dessous.

plus d'un an. Venus à Paris pour célébrer le mariage conciliateur, Coligny, son beau-fils Téligny et tant d'autres huguenots furent assassinés dans la nuit du 23-24 août 1572.

Les détails de la fuite de Louise de Coligny lors du massacre de la Saint-Barthélemy nous échappent[7]. On la retrouve au début de l'année 1573 en Savoie, où elle avait accompagné sa belle-mère, Jacqueline d'Entremont[8]. Elle se réfugia ensuite à Berne, puis à Bâle avec ses frères François et Odet. Dans les deux premières lettres qu'on possède de sa main, elle remercie ces villes de l'accueil qu'elles lui ont fait[9]. Ce n'est qu'après l'Édit de pacification de mai 1576 qu'elle tenta de rejoindre la France. Elle choisit de demeurer loin de Paris, à Lierville dans la Beauce, une propriété qu'elle avait héritée de son mari. Le fait que l'on trouve dans son Album après les poèmes célébrant son mariage des poèmes déplorant le massacre de la Saint-Barthélemy nous porte à croire que l'Album l'avait accompagnée dans sa nouvelle demeure. Bien qu'éloignée de la Cour, Louise ne s'était pas tout à fait isolée. Elle rejoignait parfois ses parents et ses coreligionnaires pour participer aux réjouissances organisées à l'occasion des baptêmes et des mariages. L'Album évoque ces épisodes de sociabilité ; il contient, outre des psaumes et des poèmes religieux, plusieurs poèmes mondains pareils à ceux de la première partie.

Malgré son absence, Louise n'était pas oubliée, ni à la Cour de France, ni à l'étranger. Quand, en 1583, Guillaume le Taciturne, veuf pour la troisième fois[10], décida de se remarier, quoi de plus naturel pour lui que de penser à la fille de son ami et allié, Gaspard de Coligny[11] ? Avec la permission du roi Henri III, Louise accepta de devenir princesse d'Orange. Elle l'épousa en avril 1583, s'établit avec lui à Delft et prit en main les besoins de sa famille nombreuse. En janvier 1584, elle donna naissance à un fils, Frédéric-Henri. L'Album se termine par un poème

---

7 Dans le récit de sa fuite, Charlotte Duplessis-Mornay, elle, nous donne une idée de la violence et du chaos qui régnaient alors à Paris. Voir Charlotte Duplessis-Mornay, *Mémoires de Madame de Mornay*, éd. Henriette de Witt, t. I, 1868, p. 58-71.

8 Lettre de Jacqueline d'Entremont au duc de Savoie, 1er janvier 1573. Delaborde, 1890, p. 56-57.

9 Coligny, 1887, p. 1-4.

10 Ou, plus précisément, étant célibataire pour la troisième fois, car sa deuxième femme, Anne de Saxe, qu'il avait divorcée, vivait encore au moment de son mariage avec Charlotte de Bourbon.

11 Pour l'alliance entre Coligny et Guillaume d'Orange, voir van Tol, 2019 ; entre Coligny et le frère de Guillaume, Louis de Nassau, voir Daussy, 2010.

qui évoque l'assassinat de Guillaume d'Orange, le 10 juillet de la même année par un catholique à la solde des Espagnols. Le titre de ce poème, « La Pascience », semble particulièrement bien approprié puisque, d'après l'historien Lapise, les premières paroles de Louise devant le corps de son époux furent : « Mon dieu, accorde-moi la patience[12] ».

Après cette perte doublement terrible pour les souvenirs douloureux qu'elle suscitait[13], Louise consacra une grande partie de son temps à s'occuper de sa « petite famille », de son fils et des six filles de Guillaume avec sa troisième femme, Charlotte de Bourbon. Elle veilla à ce que son fils et ses belles-filles reçoivent une éducation solide et trouva pour celles-ci des partis avantageux dans la classe noble huguenote : l'électeur palatin Frédéric IV pour Louise-Julienne, Henri de la Tour d'Auvergne, duc de Bouillon pour Élisabeth, Claude de La Trémoille, duc de Thouars pour Charlotte-Brabantine. Louise tenta également de trouver pour son fils Frédéric-Henri une place à la Cour de France. Si elle n'y parvint pas tout à fait, c'est parce que le nouveau prince d'Orange, Maurice de Nassau, qui considérait son demi-frère comme son héritier, préféra le garder auprès de lui. Frédéric-Henri devint d'ailleurs à son tour Stadhouder des Provinces-Unies et prince d'Orange en 1625.

Pendant son long veuvage, Louise de Coligny entreprit de nombreux voyages entre la France et les Pays-Bas, demeurant tour à tour à la Haye, à Paris, à Lierville ou à Châteaurenard. Elle gagna rapidement une grande renommée parmi ses contemporains pour sa sagesse, sa vertu et aussi et surtout pour ses talents de négociatrice en ce qui concerne les affaires de haut niveau dans les deux pays auxquels elle appartenait. Toutefois, vu que son influence s'exerça de manière informelle, elle n'acquit pas toujours la reconnaissance qu'elle méritait. Par le réseau épistolaire qu'elle s'était constituée et grâce aux liens de parenté et d'amitié qu'elle entretint avec les grandes familles protestantes, elle réussit non seulement à assurer l'avenir des enfants de Guillaume et la renommée de celui-ci, mais aussi à contribuer de manière importante à la cause huguenote et aux actions menées en France et aux Pays Bas

12 « Mon Dieu… accorde-moi le don de la patience et de souffrir, selon ta volonté, la mort de mon père et de mes deux maris, tous trois assassinés devant mes yeux » (Lapise, *Histoire de la principauté d'Orange*, p. 546, cité par Delaborde, 1890, p. 133).

13 Louise de Coligny à son beau-frère, Jean de Nassau, le 29 juillet 1586 : « je dois confesser mon infirmité être que les nouvelles afflictions me remettent incessamment en mémoire les précédentes » (Coligny, 1887, p. 33-34).

en vue d'une réconciliation entre catholiques et protestants[14]. Sa correspondance témoigne de ses compétences rhétoriques et de l'habileté avec laquelle elle sut gérer certaines situations politiques délicates comme les conflits qui opposaient son gendre et cousin le duc de Bouillon au roi Henri IV. On y lit également l'affection mutuelle qui l'unissait à ses proches et l'intérêt qu'elle portait à tout ce qui concernait la vie familiale : mariages, grossesses, enfants, maladies, deuils.

Des activités de Louise après 1584, son Album porte très peu de traces. Elle y fit transcrire le poème « La Pascience » et peut-être d'autres aussi. L'Album fit partie de sa bibliothèque à la Haye, puis de celle de son fils, devenu Stadhouder à son tour, et de celle des Stadhouders et des Rois qui lui succédèrent, avant qu'il n'atterrisse à la Koninklijke Bibliotheek. Louise mourut le 9 novembre 1620 au château de Fontainebleau où elle avait été souvent accueillie par la reine Marie de Médicis. Elle repose aux côtés de Guillaume d'Orange dans la Niewe Kerk à Delft.

DATATION DE L'ALBUM
ET CONTEXTES DANS LESQUELS IL FUT COMPOSÉ

À la différence des Albums de Claude-Catherine de Clermont (Retz, 2004)[15] ou de Marguerite de Valois (Valois, 2004), l'Album dédié à Louise de Coligny n'est pas le fruit d'activités de sociabililé et de créativité au sein d'un salon dont pratiquement tous les membres nous seraient connus. L'Album de Louise comprend des pièces incorporées à plusieurs périodes

14 Voir Couchman, 2005 et Broomhall et van Gent, 2016.

15 Voir Rouget, 2011. Louise fréquenta Claude-Catherine Clermont, duchesse de Retz, à la cour de Marie de Médicis. Son amitié avec cette femme catholique, dont le mari fut associé au Massacre de la Saint-Barthélémy, peut surprendre. C'est un exemple de la réconciliation souhaitée entre Catholiques et Protestants par les signataires de l'Édit de Nantes. Louise mentionne Mme de Retz plusieurs fois dans ses lettres à partir de 1599. Elle exprime sa douleur au moment de la mort de celle-là dans une lettre du 15 mars 1603 : « Hélas, voilà qu'en écrivant ceci j'apprends la mort de la pauvre Mme de Retz, qui me fait tomber la plume de la main, car certes j'en ai un si extrême regret que mon cœur en est plus qu'outré de douleur, car je l'aimais plus qu'une sœur et je sais que j'étais aimée et chérie d'elle tout ce qui peut aimer et chérir au monde. Permettez-moi que je finisse pour donner lieu à ma douleur » (Coligny, 1887, p. 207).

entre mai 1571 et 1610 et à différentes occasions. Il est relativement aisé de dater les poèmes de Jacques Constans transcrits par Françoys Auzière, ou ceux qui déplorent le massacre de la Saint-Barthélémy et la mort de Coligny ou encore ceux qui évoquent un événement précis comme la mort d'un parent. En revanche, il est pratiquement impossible de déterminer la date exacte des autres pièces contenues dans l'Album, notamment celle des poèmes qui remontent au séjour de Louise à Lierville ou à la période après son arrivée aux Pays-Bas.

Les poèmes qui se trouvent au début de l'Album furent rassemblés à une période et dans un contexte bien précis : entre 1568 et 1572, à La Rochelle, où les membres de la noblesse huguenote s'étaient réfugiés. Henri IV prendrait plaisir à se remémorer cette époque où, avec sa sœur Catherine, il avait vécu dans l'intimité des Coligny et de leurs parents et alliés[16]. Jeanne d'Albret, fille d'une poète et poète elle-même, s'entoura d'écrivains et d'intellectuels tout au long de sa vie. Après sa conversion, elle remplaça toutefois ceux qu'elle avait protégés (Des Périers, Scève et Du Bellay avec qui elle échangea des poèmes) par d'autres qui puisaient leur inspiration dans la Bible et la foi réformée (Du Bartas, le d'Aubigné des *Tragiques* et Rivaudeau). Elle appréciait tout particulèment les traductions de psaumes (Dauvois, 2004, p. 281-296). En ces années-là, le poète Jacques de Constans faisait toujours partie de son entourage.

À cette société d'élite se joignirent les délégués au Synode national qui se tint à La Rochelle en avril 1571. Des chefs de la Réforme étaient venus de partout en France ainsi que de l'étranger (y compris Théodore de Bèze) pour approuver la nouvelle confession de foi et les principes de fonctionnement communs aux Églises se proclamant réformées (Reulos, 1974, p. 707-716). On retrouve parmi eux un certain Françoys Auzière, membre d'une famille protestante importante à Montpellier, marchand et ancien de l'église de Montpellier[17].

Ces deux groupes, les réfugiés issus de la noblesse huguenote et les délégués du synode de La Rochelle, constituent la communauté intellectuelle au sein de laquelle l'Album de Louise vit le jour. Françoys Auzière se chargea de recopier les poèmes de Jacques de Constans. D'autres membres de cette auguste société s'attachèrent à remplir les

16 Rambeaud, 1992, p. 396 ; Jeanne d'Albret, avec Coligny et Condé, fonda en 1571 un Collège avec des professeurs de grec, d'hébreu et de théologie (Delmas, 1870, p. 91-92 et 120-121).

17 Voir ci-dessous, p. 18-19.

feuilles suivantes de poèmes de leur composition ou de leur choix. Il n'empêche qu'ils laissèrent un nombre important de feuilles blanches (presque la moitié de l'Album).

Que devint l'Album après le massacre de la Saint-Barthélemy ? Il semble peu probable que Louise l'ait apporté à Paris en août 1572, ni qu'elle l'ait fait suivre lors de sa fuite et de son exil en Suisse. C'est en s'établissant à Lierville en 1576 qu'elle le fit probablement venir de La Rochelle ou de Châtillon-sur-Loing pour y faire recopier d'autres poèmes à son goût. Mais nous savons très peu de l'entourage de Louise à cette époque, que ce soit à Lierville ou à Delft après son mariage avec Guillaume d'Orange. Certains des poèmes auraient pu être insérés après 1593, suite à son établissement à La Haye, où elle s'entoura d'une société d'intellectuels et d'écrivains. Quant au poème de « La Pascience », si on accepte l'attribution à Anne de Rohan[18], on peut dater sa transcription d'après janvier 1610.

Enfin, est-il besoin de rappeler l'intérêt que présente cet Album en ce qui concerne la production des textes, leur diffusion et leur évolution au fil des copies ? L'Album de Louise de Coligny apporte des éclaircissements importants sur la perméabilité, au XVIe siècle, entre textes manuscrits et textes imprimés ainsi que sur la mutabilité des textes selon leur contexte (Chartier, 2017). Six poèmes contenus dans cet Album se trouvent également dans l'Album de Marguerite de Valois, contemporaine de Louise. Comme nous l'avons constaté, la fidélité de Louise à la Réforme ne l'a pas empêché d'entretenir des rapports d'amitié avec plusieurs femmes catholiques. Nous ignorons si elle a connu la reine Marguerite, mais leurs albums montrent qu'en matière de poésie, ces deux femmes avaient des goûts similaires. Douze poèmes dans le manuscrit de Louise se retrouvent aussi dans des collections imprimées de poèmes ou de poèmes mis en musique qui parurent quelques années après la composition de l'Album. Dans la grande majorité des cas, les variantes entre le manuscrit et l'imprimé demeurent mineures, affectant uniquement la graphie et la ponctuation et non le sens du texte. On trouve cependant un exemple qui montre combien un texte peut fluctuer d'une version à l'autre. Dans les versions imprimées, les « Stances de l'honneur » [41v° et *sq.*] sous des noms d'auteur différents, Nicolas de Cholières dans *La Muse chrestienne de Pierre Poupo* (1585, p. 194-201), Benjamin Jamin dans *La guerre des*

18 Voir ci-dessous, p. 22-23.

masles contre les femelles... avec les mélanges poétiques (1588, réimpression de 1864, p. 148-151), présentent de très nombreuses variantes d'ordre sémantique aussi bien que graphique et les strophes sont reprises dans un ordre différent de celui de l'Album.

POÈMES SPÉCIFIQUEMENT DÉDIÉS À LOUISE

Même si l'Album est dédié dans son intégralité à Louise de Coligny, un nombre restreint de poèmes fait référence à elle ou à sa famille.

La dédicace « À tresillustre et tresvertueuse Dame, Madame de Téligny » [2], ainsi que le sonnet « Aux lecteurs sur le subject de ce livre » [2v°], tous les deux de la main de Françoys Auzière, s'adressent bien sûr à elle, mais en des termes plutôt conventionnels. Seul le vers « En quictant le sourcil du severe Caton » contient une référence indirecte à Gaspard de Coligny. Dans le sonnet « Race des ducs gaulois, Princesse dont la gloire / Sera le saint émail qui dorera mes vers, » [73v°], attribué par van Hamel à Michel Hurault de l'Hôpital (van Hamel, 1903, p. 254), le poète compare son éloge de Louise aux compliments présentés à Marguerite de Valois, duchesse de Berry, par son grand-père, Michel de l'Hôpital (lui aussi associé à Caton). Même le sonnet « L'amour qui a cogneu tousjours ma volonté » [50], dont les lettres initiales des vers forment en acrostiche le nom de LOUISE, pourrait s'adresser à toute autre dame, objet de l'amour du poète. Témoin le premier tercet où l'on retrouve tous les clichés de la poésie amoureuse du temps : « Cependant je vous voy et vos beautez, madame, / Outragent sans pitié le meilleur de mon ame, / L'amour pour se guarir tousjours tire à mon cœur ».

Le sonnet « Fille d'un Amyral, / de ce grand chef d'armée » [53v°], adressé à Louise en guise de consolation, parle plus directement de la perte de son père et de celle de son premier mari : « toujours les meilleurs n'ont la faveur des cieux, / Prenans l'Éternité pour but de leur victoire ». Enfin, on peut s'interroger sur le sens du sonnet à la louange de la couleur orange : « Je ne peus pas ouir aveques patience / Plustost que l'orange vanter autre couleur » [50v°]. Serait-ce une allusion au mariage de Louise avec Guillaume d'Orange ?

Seules deux pièces s'arrêtent sur la personne de Louise à qui cet Album est dédié : le « Dialogue de Volusian et Calliope » [37v^{o}-38v^{o}] et « La Pascience » (voir ci-dessous, p. 22-23, 27, 34-35, 185-200). Le « Dialogue de Volusian et Calliope » par un auteur resté anonyme est un poème ambitieux qui s'inscrit dans la tradition de Virgile et d'Homère. Mais au lieu de célébrer « les combas » comme le laisse anticiper Calliope, la Muse de la poésie épique évoquée au tout début, ce poème chante les louanges « d'une deesse et l'amour et la gloire / De celles que l'on voit vivre en ce monde bas ». Il évoque tour à tour la famille de Louise, puis les qualités qui furent en son temps attribuées à celle-ci telles que sa sagesse, son intelligence et son éloquence (autre caractéristique de la Muse Calliope) : « Je scay bien que Minerve en sa jeunesse tendre / De tout ce qu'elle avoit luy feit un riche don » ; « le miel de sa langue faconde » ; « la grant beauté de son esprit hautain / Et celle que nature a sur son front portraitte ».

Les poèmes qui traitent des membres de la famille de Louise appartiennent tous au genre de la lamentation. La Pastorale [55] pleure la disparition tragique à l'âge de 20 ans d'Odet d'Andelot, frère puîné de Louise vers la fin de l'année 1580. « Le fidèle Alcon » dans ce poème peut représenter François de Chastillon, frère aîné et compagnon d'Odet. Le sonnet « Sur la mort de Monsieur l'Admiral » [62] déplore l'assassinat du père de Louise au massacre de la Saint-Barthélemy, un souvenir qui continua d'être tout autant douloureux pendant de nombreuses années. Le sonnet « Sur la mort de Monsieur de Chastillon » [62] évoque la mort d'Henri de Chastillon, fils de François et neveu de Louise, tué au siège d'Ostende en 1601 à l'âge de 18 ans par un boulet provenant des batteries espagnoles.

Le « Cantique faict par Monsr. de Maison fleur Apres le Massacre de Paris fait à la saint Bertelomy 1572 » [76] traite d'un événement qui avait une résonance très personnelle pour Louise puisqu'il était lié à la mort de deux êtres chers (son père et son mari). Les deux paraphrases de psaumes (Paraphrase du Pseaume de Monsr. bertaut [64] (Psaume 148) et Psalme ~~10~~ 20 de Monsr du perron [63]) par des poètes catholiques bien connus, répondent à la volonté de réconciliation exprimée par Louise comme par beaucoup d'autres au moment de la fin des hostilités des guerres de Religion et de la promulgation de l'Édit de Nantes[19].

19 Sur les anthologies mixtes de la fin du XVIe et du début du XVIIe siècle, voir Cave, 1969, p. 18-23 et p. 286.

A.-G. van Hamel, dans son étude de ce manuscrit, avance l'argument que les sentiments exprimés dans certains poèmes (passion amoureuse et déception) feraient allusion à une relation extraconjugale (ou même plusieurs) qui aurait véritablement existé. Nous n'en sommes pas convaincus. On ne trouve aucune trace de ce type de rapport dans les documents biographiques qui sont parvenus jusqu'à nous. On peut très bien imaginer que tel ou tel poème ait été choisi pour Louise, ou qu'elle l'ait choisi elle-même, à cause de ses qualités esthétiques et non point à cause de sa supposée authenticité. Le choix du sonnet de Desportes « Si l'outrageuse loy d'un injuste himené / De vous m'oste la part moins parfaitte et moins belle » [46], avec son allusion aux amours d'antan contrariés par un mariage « injuste » (v. 5 et 1er tercet), semble particulièrement bizarre et quelque peu déplacé. L'amant félicite la jeune mariée qu'était Louise à l'époque, tout en évoquant l'amour spirituel qu'il continuera à partager avec elle[20] (van Hamel, 1903, 242). Le sonnet « Madame, les ruisseaux, les tailliz, et la prée » [50] évoque la tristesse du poète lors du départ de sa bien-aimée. Van Hamel soutient que ce sonnet a pu être composé au moment où Louise s'apprêtait à « quitter la petite cour de La Rochelle, ou le parc de Chastillon, pour suivre son jeune mari » (van Hamel, 1903, p. 247-248). Or, rien n'est moins sûr. Lors de leur mariage, Louise et Téligny demeuraient à La Rochelle avec Coligny. Louise ne quitta cette ville qu'au mois d'août 1572 pour se rendre à Paris avec son mari, son père, et beaucoup de leurs proches, afin d'assister au mariage d'Henri de Navarre avec Marguerite de Valois. D'après van Hamel, le sonnet « Mais grans dieux ! Qu'ay je faict, quelle est donc mon offence ? » [69], où le poète se plaint « Que desja par deux fois vostre ciel m'ait osté / Jalouzement cruel, mon unique esperance », parlerait d'amours d'antan contrariés à deux reprises, d'abord par la Saint-Barthélemy, puis par les secondes noces de Louise. La référence à « l'onde stigienne » et à « l'occean » se rapporterait, toujours selon lui, au départ de Louise en 1583 pour épouser Guillaume d'Orange (van Hamel, 1903, p. 250). Ne serait-ce pas plutôt une allusion à la légende d'Orphée se lamentant d'avoir perdu une seconde fois son Euridice après être allé la chercher aux Enfers en traversant « l'onde stygienne » ? On sait la faveur que cette légende connut auprès des poètes de ce temps.

---

20 Dans le dizain CXLIII de la *Délie* de Maurice Scève, le mariage est vu comme un amour essentiellement charnel, tandis que le rapport extraconjugal est associé à l'amour spirituel, voire à une « Sainte union ».

LA VALEUR LITTÉRAIRE DE L'ALBUM DE LOUISE DE COLIGNY

Outre sa valeur historique, l'album de Louise de Coligny présente un intérêt certain pour l'histoire de la littérature. Du fait que nos critères esthétiques ont changé, les poèmes qu'il contient pourront paraître fades ou peu inspirés au lecteur du XXIe siècle. Il n'empêche qu'ils fournissent des renseignements précieux, tout d'abord sur les poètes qui connurent la faveur du public dans la seconde moitié du XVIe siècle, ensuite sur les vogues littéraires, enfin sur les formes poétiques anciennes ou nouvelles qui furent le plus fréquemment cultivées.

LES POÈTES QUI CONTRIBUÈRENT À L'ALBUM

Un mot, tout d'abord, sur ces poètes catholiques, protestants ou nouveaux convertis qui, dans leur passion commune pour la poésie, surent oublier un instant leurs différences confessionnelles[21].

Issu d'une famille protestante de Montpellier, dont plusieurs membres étaient consuls, le marchand Françoys Auzière semble avoir été un personnage haut en couleur. Menacé d'arrêt pour collaboration au pillage de la cathédrale de Montpellier et d'une maison du duc de Joyeuse, il s'était réfugié à La Rochelle, probablement en automne 1568 (Guiraud, 2018, t. 1, p. 351-352). Son intervention lors du Synode de Nîmes (1569) en faveur des femmes et des enfants des ministres décédés au camp pendant les hostilités de cette année-là fit également grand bruit[22]. Enfin, un autre événement qui provoque l'étonnement est son rôle dans la composition de l'Album. On se demande en effet pourquoi ce marchand huguenot et poète amateur aurait offert à Louise de Coligny à l'occasion de ses noces à Charles de Téligny en mai 1571 quatre poèmes de sa propre main[23]

21 Louise, comme son père, cherchait plutôt la coexistence des deux confessions. On trouve dans d'autres collections de l'époque cette même juxtaposition. Voir Cave, 1969, p. 18-23 et p. 286.

22 Voir « Auzière », in Haag, 1877, t. I, col. 594 et « Collection des procès-verbaux des assemblées politiques des Églises réformées en France », 1877, p. 403.

23 « À tresillustre et tresvertueuse Dame, Madame de Telligny pour la transcription de ce livre » [2] ; « Aux lecteurs sur le subject de ce livre : » [2v°] ; « Response aux stances qui ont precedé : *vers pour vers* faicte par celuy qui a transcrit cest'œuvre » [19v°-20v°] ; « Response d'un autre autheur pour le laurier » [29].

et une quarantaine d'autres par un autre poète huguenot, Jacques de Constans (c. 1547-1621).

Que sait-on aujourd'hui du seigneur de Chaillé et des Ouches ? Quelques mots suffisent en général à camper le personnage : poète-soldat, protestant endurci et ami d'Agrippa d'Aubigné. Dans les années 1560-1572, on rencontre Jacques de Constans à la cour de Navarre, au service de Jeanne d'Albret, à qui il restera attaché jusqu'à la fin de sa vie. Entre 1573 et 1576, il s'engage auprès du vicomte de Turenne. Il entre ensuite dans la Maison de Henri de Navarre comme gentilhomme ordinaire du roi. Tout au long de sa vie, Constans soutint la cause huguenote, prenant une part active aux guerres de Religion et menant à bien plusieurs missions qu'on lui avait confiées. Dans les années 1570-1580, ce fut un membre assidu de l'Académie de Pau qui, à l'instar de l'Académie du Palais, réunissait les savants et écrivains du milieu navarrais[24]. À ses heures de loisir, Constans écrivait des poésies qui circulèrent d'abord sous forme manuscrite, puis furent récupérées par « les éditeurs de florilèges, qui leur donnèrent la notoriété d'une poésie sans auteur » (Ferrer, 2012, p. 124).

Philippe Desportes (1546-1606), poète officiel et mondain du roi Henri III et le plus connu de tous les poètes qui contribuèrent à cet Album, ne fait pourtant ici qu'une brève apparition (« Si l'outrageuse loy d'un injuste himené », f. 46). C'est lui qui inaugura par ses *Premières Œuvres* (parues en 1573 et rééditées maintes fois jusqu'à la fin du siècle) le lyrisme néo-pétrarquiste dont on retrouve de très nombreuses traces dans ce recueil. De confession catholique, il s'illustra également par ses poésies sacrées (sonnets spirituels, paraphrases de psaumes, méditations)[25]. Plusieurs de ces pièces parurent entre 1580 et 1613 dans les rééditions successives des *Cantiques* de Maisonfleur.

Le gentilhomme bordelais et poète catholique, Jérôme Lhuillier, seigneur de Maisonfleur (?-1580), fut d'abord au service des Guise en tant que capitaine et secrétaire, puis homme de la cour d'Henri II, de François II et de Catherine de Médicis, dont il fut également l'écuyer tranchant. Il fut en ce temps-là « un habile chantre de la passion pour les gens du monde », très apprécié des poètes de cour du temps tels que

24 Sur cette académie protestante voir Yates, 1996, p. 166.

25 Sur l'autorité religieuse accordée au poète dans le domaine du discours chrétien, voir Duru, 2008.

Ronsard et Desportes et de la jeune Marie Stuart[26]. Le poème « Le soleil qui fait son sejour », reproduit dans notre recueil, date de cette phase mondaine de sa vie. Après 1567, Maisonfleur se convertit au calvinisme et changea radicalement de mœurs[27]. Il abandonna alors la poésie profane pour se consacrer entièrement à la poésie religieuse et, en particulier, à la composition de cantiques[28]. Ceux-ci furent publiés, après sa mort, sous le titre *Cantiques du Sieur de Maisonfleur* (sic), *gentilhomme françois* par un de ses amis, Jean de la Jessée. Dans les éditions de 1581, 1584 et 1586, ces poèmes paraissent en compagnie de ceux d'autres poètes du temps tels que Joachim Du Bellay, Rémy Belleau, Philippe Desportes, Yves Rouspeau, T. de Sautemont et même Guy du Faur de Pibrac (une version de ses *Quatrains* et de ses *Plaisirs de la vie rustique* se trouve dans l'édition de 1586). Dans les autres éditions qui ont pu être retrouvées (1587, 1591, 1592, 1602 et 1613), les *Cantiques* de Maisonfleur sont réunis avec ceux d'un certain sieur de Valagres. Enfin, dans l'une des premières éditions, plusieurs de ses cantiques sont mis en musique par le compositeur Antonio Condomirio, *Cantiques mis en musique à quatre parties*, Paris, A. Le Royet et R. Ballard, 1582. Le « Cantique faict par Monsr de Maison fleur Apres le Massacre de Paris fait à la saint Bertelomy 1572 » [76-78] n'eut pas de publication imprimée au XVIe siècle. Il fait partie d'un recueil manuscrit comprenant quelque 120 pièces pour et contre le massacre, qui appartenait à Pierre de l'Estoile (Hamilton, 2017, p. 89-94)[29].

Le normand Jean Bertaut (c. 1552-1611), précepteur du duc d'Angoulême, secrétaire et lecteur ordinaire d'Henri IV (1583), premier aumônier de Marie de Médicis, travailla à la conversion du roi qui lui donna en récompense de ses services l'abbaye d'Aulnay en 1594 et l'évêché de Séez en 1606. Il admirait Ronsard et Desportes. Il se distingua comme librettiste de ballets de cour et fut un participant assidu à l'Académie du Palais qu'Henri III avait transformée en société

---

26 Voir l'élégie qu'il dédia à Ronsard suite au départ de Marie Stuart en Écosse après la mort de François II : « Ronsard, nous la perdons cette belle princesse / Qui en un corps mortel ressemble une déesse… » (BnF ms. 14888 nouv. acq.). Voir Mezzetti, 2009.

27 Dans ses éditions successives, Ronsard qui lui avait adressé plusieurs poèmes en témoignage de leur amitié, conserva les poèmes mais supprima les dédicaces.

28 Voir Mezzetti, 2010, p. 482.

29 BnF ms. Fr. 10304. C'est la source de la version du *Chansonnier huguenot* (1870, p. 471). Voir ci-dessous, p. 211.

philosophique[30]. Ses compositions de jeunesse d'un pétrarquisme on ne peut plus précieux (*Recueil de quelques vers amoureux*, 1602) et ses vers chrétiens (sermons sur les principales fêtes de l'année, cantiques, complaintes, hymnes, discours funèbres) ont été réunis dans ses *Œuvres poétiques* qui furent publiées sans nom d'auteur en 1623.

Issu d'une famille lettrée et protestante, Jacques Davy du Perron (1556-1618) se convertit au catholicisme en 1578. Avant cette date, il fut poète de cour et succéda à son ami Desportes comme lecteur du roi Henri III, dont il avait conquis l'estime. En 1591, Du Perron fut ordonné prêtre ; il fut ensuite nommé évêque d'Évreux, puis archevêque de Sens et grand aumônier de France et enfin, en 1604, cardinal. Il participa à de nombreux conclaves à Rome et plus tard aux États généraux. Bien qu'il ait connu une certaine gloire dans les années 1596-1602 pour sa poésie amoureuse de style néo-pétrarquiste, il est aujourd'hui surtout connu pour ses traités de dogmes et de controverse, sa correspondance, les relations de ses diverses ambassades, ses éloges funèbres de Marie Stuart, du duc de Joyeuse, de Catherine de Médicis et d'Henri IV, ses imitations et traductions d'Ovide, d'Horace et de Virgile et ses paraphrases de psaumes et d'hymnes, autant de travaux qui témoignent de sa grande érudition.

On a parfois comparé les parcours de Bertaut et de Du Perron car ils firent leurs débuts à la Cour à peu près à la même époque. Tous deux, note Grente (1903, p. 240-241) « furent lecteurs de la chambre du Roi et membres de l'Académie du Palais, composèrent des poésies, travaillèrent à la conversion de Henri IV, furent promus évêques et jouirent de renommée en leur temps ». Et après avoir passé leur jeunesse à rimer sur le mode pétrarquiste et à écrire des pièces de circonstance, ils finirent par se tourner vers la poésie sacrée, notamment les hymnes religieux et la paraphrase psalmique.

Anne de Rohan (1584-1646) est la fille de René II de Rohan et de Catherine de Parthenay. Protestante militante comme l'était sa mère, elle soutint avec une constance héroïque les incommodités du siège de La Rochelle (1627-1628). Elle acquit en son temps une certaine notoriété non seulement pour sa piété exemplaire, mais aussi pour son savoir au-dessus de son sexe. Elle entretint une correspondance suivie avec plusieurs femmes savantes de son temps, y compris Anna Maria van

30 Il y présenta un discours sur la colère.

Schurman, et s'exerça à la poésie. Elle adressait ses écrits à l'état manuscrit à ses proches et à ses amis, qui à leur tour les faisaient circuler dans les cercles lettrés[31]. Ceux qui survécurent furent publiés par autrui, comme c'est le cas de ses *Stances sur la mort de Henri IV*, tellement admirées par Agrippa d'Aubigné qu'il les reproduisit vers la fin de son *Histoire universelle* en déclarant : « Je laisse parler mieux que moi Anne de Rohan, princesse de Léon, [...] de laquelle l'esprit, trié entre les délices du ciel, écrit ainsi : [...][32] ». Ses autres poèmes ne sont disponibles aujourd'hui que sous forme manuscrite, comme les *Stances* d'Anne envoyées par sa mère au roi d'Angleterre, James VI, à l'occasion de la mort subite de son fils, Henri, prince de Galles en novembre 1612[33].

Le dernier poème de l'Album, « La Pascience », sans nom d'auteur, n'est paru à l'époque dans aucune anthologie. Pourtant, tout semble indiquer qu'il est de la plume de la poète protestante Anne de Rohan. C'est Paul Marchegay, l'éditeur de la correspondance de Louise de Coligny, qui le premier suggéra cette attribution, puis Jules Bonnet qui fit publier la transcription du poème préparée par Marchegay en 1866, après la mort de celui-ci. Mais l'attribution fut aussitôt contestée par H.-L. Bordier et ses objections parurent satisfaire Bonnet[34]. A.-G Van Hamel, pour sa part, ne fait aucune mention de ce poème dans son analyse du contenu du manuscrit de Louise (Van Hamel, 1903).

« La Pascience » est un poème allégorique de 540 vers alexandrins à rimes plates. Par son genre et les procédés stylistiques auxquels l'auteur recourt, « La Pascience » ressemble aux types de poésies auxquelles Anne de Rohan s'exerça. Celle-ci montre en effet une prédilection pour les « tombeaux » ou les méditations sur la mort de ses proches,

---

31 Ezell, 1996.

32 Aubigné, 1897, p. 472. Aucune étude approfondie n'a été consacrée jusqu'ici à Anne de Rohan. On trouve plusieurs de ses poèmes dans Halgan et al., 1884, p. 33-40 et d'autres dans Rohan, 1862. Voir aussi Marchegay, 1874.

33 « Stances de Madamoiselle Anne de Rohan sur la mort de Monseigneur frere du Roy » [sic, pour 'fils ainé du Roy']. L'erreur dans le titre est en partie due au copiste, mais le poème présente aussi une certaine confusion.

34 Voir [Rohan, Anne de], éd. Bonnet et Marchegay, 1886, et Bordier, 1886. Bordier appuie ses arguments sur sa conception très limitée de ce qu'« une tendre fille de vingt ans » aurait pu écrire et sur le fait que la poète emploie des adjectifs masculins pour se décrire. Mais le genre adopté par le poète peut bien être aussi artificiel que tout autre procédé utilisé par l'auteur, quel que soit son sexe (La Charité, 2020). Nous remercions Anne R. Larsen de nous avoir fait bénéficier de son savoir à propos de cette attribution.

généralement en alexandrins et d'une longueur substantielle[35]. Dans certains de ses poèmes, on rencontre également des figures allégoriques, comme La Piété, qui vient consoler la poète de la mort de sa mère et retrace les grandes lignes de la vie exemplaire de celle-ci (Marchegay, 1874, p. 22-23).

Qu'Anne de Rohan ait choisi de dédier un poème aussi élogieux à Louise de Coligny s'explique d'une part, par les relations chaleureuses que Louise et Catherine de Parthenay, la mère d'Anne, entretenaient, d'autre part, par le projet que les deux mères nourrissaient d'unir Anne et Frédéric-Henri (le fils de Louise) par le sacrement de mariage[36]. Une lettre, datée de janvier 1610, de Louise à sa belle-fille Charlotte-Brabantine, duchesse de la Trémoille, révèle une information essentielle. Louise dit avoir « reçu les belles stances que cette belle et vertueuse fille [Anne de Rohan] a faites. Cet esprit tout parfait ne peut rien faire qui ne lui ressemble[37] ». Quoi de plus naturel pour Louise que de faire recopier ces vers si admirables sur les feuilles de son Album restées blanches ? L'amitié entre Louise, Catherine et sa fille était suffisamment forte pour survivre à l'échec du projet de mariage. À la mort de Louise, Anne envoya à Charlotte-Brabantine des « Regrets » (malheureusement aujourd'hui disparus) qu'elle aurait « donnés à sa mémoire[38] ».

L'ALBUM ET LES VOGUES LITTÉRAIRES DANS LE DERNIER TIERS DU XVIe SIÈCLE

Dans le dernier tiers du XVIe siècle, ce sont les imitateurs italiens de Pétrarque (Antonio Tebaldeo, Serafino dell'Aquila, etc.) qui s'imposent avec le Desportes des *Premières Œuvres poétiques* (1573) comme les modèles incontournables de la création poétique et du discours amoureux. Un certain nombre de poèmes contenus dans le recueil reprennent les thèmes ordinaires du « néo-pétrarquisme blanc », une poésie, selon

35 Sur ses poésies funèbres (sur la mort de sa mère, de sa sœur et de son amie d'enfance, Catherine de Chivré), voir *Poésies d'Anne de Rohan-Soubise…*, 1862, p. 33-75. Il existe également une traduction en anglais de quelques-uns de ses poèmes dans Stanton, 1986, p. 70-73.

36 Lettres de Louise de Coligny à sa belle-fille Charlotte-Brabantine de La Tremoille, du 19 octobre 1608, du 12 février 1609 et du 14 janvier 1610 in Coligny, 1887, p. 248, 249, 266. Lettres de Catherine de Parthenay à la même du 10 avril 1609, du 9 décembre 1609, du 16 juillet 1611 in Parthenay, et al., 1872, p. 55, 59, 60.

37 14 janvier 1610, Coligny, 1887, p. 266.

38 16 décembre 1620, Parthenay et al., 1872, p. 135.

Gisèle Mathieu-Castellani, « moins sentimentale que psychologique, où le pétrarquisme se dégrade en galanterie[39] ». Au nombre de ces thèmes, on trouve la célébration de l'amour et de la jeunesse, l'idéalisation de la femme et la louange lyrique de ses beautés avec tout son arsenal d'ornements obligés (les lys, les œillets et les roses de sa face, la blancheur de son visage)[40], la douceur de l'amour et les souffrances d'amour, les rigueurs de la dame[41] et le vol audacieux de l'amant-Icare[42].

Un autre groupe de poèmes (en particulier les pièces par Constans, le discours tragique, les Rimes tierces, les trois premières séries de stances et les Sonnets des morts, des peines et des larmes, dont Agrippa d'Aubigné se serait inspiré dans son *Hécatombe à Diane*[43]) témoigne d'une tendance tout à l'opposé que Gisèle Mathieu-Castellani et Jacques Pineaux ont définie comme « la version nocturne [du néo-pétrarquisme blanc], exploration tragique d'un rapport au monde vécu dans le conflit avec une transcendance » (Aulotte, 1991, p. 211). Ce courant à l'origine du baroque français[44] a reçu le nom, faute de mieux, de « néo-pétrarquisme noir » (Mathieu-Castellani, 1975, p. 320 *sq.*).

Sous l'effet des querelles religieuses et des guerres civiles, la tonalité de la veine amoureuse est devenue plus sombre et plus plaintive. Le poète délaisse les motifs obligés du pétrarquisme tels que les avait pratiqués la génération précédente pour porter son attention aux aspects les plus sombres, voire les plus désespérés de la relation amoureuse. Au lieu de s'épancher sur la splendeur divine de la dame, jusque-là le motif central du canzoniere, il se plaint de l'extrême cruauté de celle-ci. La femme-soleil qui illuminait l'univers du poète paraît désormais tantôt sous les traits de la femme-tigresse ou ourse qui joue avec le cœur et les sens de l'amant[45], tantôt sous ceux de la déesse avide de sang et de sacrifices humains. Le service amoureux cède la place à une relation

39 Mathieu-Castellani traite plus en détail de cet aspect du néo-pétrarquisme dans *Les Thèmes amoureux dans la poésie française 1570-1600*, 1975, p. 322-337.

40 Voir par exemple les chansons [39], [39v°], « Tout ce qui est de plus beau dans les Cieux » [44], Autre [sonnet] [46v°], sonnet [48], etc.

41 Voir Autre [sonnet] [52v°].

42 Voir sonnet [47v°]. Sur Icare, figure exemplaire de l'hybris, voir Mathieu-Castellani, 1981, p. 156-183.

43 Pour une lecture de ce texte, voir Mélançon, 1975 ; Mathieu-Castellani, 1978 ; Ferrer, 2010.

44 Sur les liens entre néo-platonisme noir et baroque, voir Mathieu-Castellani, 1975.

45 *Cf.* Discours tragique [3v°], v. 33-37 : « O ma fiere maistresse, o cruelle ennemie, / Non, non, maistresse, non, tigresse d'Hyrcanie, / Race des durs rochers, nourriture des

vénéneuse, voire sado-masochiste. La passion amoureuse se change en une rage furieuse et obsessionnelle et la souffrance de trop aimer finit par conduire l'amant au suicide :

> Or, en faisant icy la fin de son discours,
> Pour finir tout d'un coup sa vie et ses amours,
> Il tourne furieux, d'une main asseurée,
> Contre son estomac la pointe de l'espée,
> Et se jettant dessus, poussé de sa fureur,
> Faict chemin à la mort au travers de son cœur,
> (Discours tragique [4], vv. 91-96)

La fatalité oppressante, le désarroi amoureux, les supplications, les appels à la mort sont caractéristiques du genre de la *disperata*[46]. Cultivée par les poètes italiens tels que Panfilo Sasso (*Disperata contro l'amore*, 1499), Serafino dell'Aquila (*L'Opere d'amore con le sue stanze*, 1534) et Antonio Tebaldeo (*L'Opere*, 1548), cette tradition connut d'abord la faveur de la Pléiade (pensons au « Discours d'un amoureux désespéré » par Ronsard ou encore au « Chant du désespéré » par Du Bellay), puis surtout celle des poètes des années 1570 tels que Philippe Desportes, Clovis Hesteau de Nuysement, Flaminio de Birague, Isaac Habert et Claude Trellon. On prête parfois le rôle d'initiateur de la *disperata* en France à François d'Amboise à cause de sa publication, en 1572, des *Desperades ou Églogues amoureuses.*

Les traits les plus frappants de ces poèmes telles que la violence des émotions (l'extrême cruauté de la dame à l'égard de l'amant ou les profondes souffrances de celui-ci devant l'indifférence de celle qu'il aime plus que tout) mise en parallèle avec la nature sauvage et hostile à l'humain (comme le montrent certains de ses attributs et les dangers qu'elle renferme, cimes couvertes de glace, torrents et précipices, cavernes obscures, bêtes féroces, oiseaux funèbres), le spectacle de la souffrance lié au motif du sacrifice, la brutalité de certaines images (le cœur transpercé ou violemment arraché du corps de l'amant) et la place omniprésente du sang[47] signalent l'influence de divers courants (littéraires, culturels et religieux) qui prévalent en ces temps

ours, / Indigne desormais des humaines amours, / Bourrelle qui de sang seulement te contente… ».

46 Sur l'origine italienne de la *disperata*, sur son registre et sur les poètes qui cultivèrent ce genre en France, voir Scarlatta, 2017, p. 1-48 et 169-232.

47 Weber, 1958, p. 116, a noté l'image obsédante du sang dans la poésie des guerres de Religion.

troublés. Le genre de l'histoire tragique dont Pierre Boaistuau introduisit la vogue en France par sa traduction et adaptation de six nouvelles des *Novelle tragiche* de Matteo Bandello (1554)[48], privilégie les sujets sanglants recèlant un fort potentiel émotionnel. Le théâtre, sous l'influence de la tragédie sénéquienne qui connaît un renouveau en cette fin de siècle[49], s'adonne lui aussi aux performances les plus terribles[50]. Pour satisfaire au goût marqué du public pour l'horreur spectaculaire, les théoriciens du genre tels que Jean de La Taille (*De l'art de la tragédie*, 1572) et Pierre de Laudun d'Aigaliers (*L'Art poétique françois*, 1597) mettent le crime en honneur sur l'échafaud de théâtre, qui est conçu en référence à l'estrade où l'on exécute les condamnés[51]. Dans le même temps, la martyrologie connaît une nouvelle impulsion avec la publication dans les dernières décennies de livres détaillant les arrestations, inquisitions et supplices infligés dans le royaume d'Elisabeth aux jésuites et à leurs émules. Citons pour exemple les effroyables livres de l'écrivain anglais Richard Rowlands en exil aux Pays Bas, plus connu sous le patronyme de Verstegan : la *Briefve Description des diverses Cruautez que les Catholiques endurent en Angleterre par la foy* (1570) et le *Theatre des cruautez des heretiques de nostre temps* (1587-1588) qui, bénéficiant du soutien de Philippe II et de la Compagnie de Jésus, remporta un succès à l'échelle européenne. Du côté protestant, l'être de douleur et le récit méticuleux des tourments qu'il endure (langue coupée, corps en flammes, seins arrachés) connaissent également leur moment de gloire dans des livres tels que *Le Livre des martyrs* de Jean Crespin (1554 et 1564) ou *l'Histoire des persecutions et martyrs de l'Eglise de Paris* d'Antoine de La Roche-Chandieu (1563). Enfin, est-il besoin de rappeler l'essor, à l'époque, de la presse à sensation et l'intérêt manifesté pour les canards sanglants qui se plaisent à faire l'étalage des plus atroces cruautés[52]. Le

---

48 Entre 1559 et 1582, l'historiographe royal François de Belleforest travailla à la continuation de la traduction entreprise par Boaistuau. Voir Sturel, 1970.

49 Sur les diverses formes que prit l'influence sénéquienne en France et sur ses caractères les plus frappants, Voir Lebègue et Grimal, in Jacquot, 1964, p. IX-XII et 1-10.

50 On en vint même à exposer sur scène le massacre de Coligny à la Saint-Barthélemy (*La Tragedie de feu Gaspar de Colligni* par François de Chantelouve, 1575), l'assassinat du roi Henri III (*Cleophon, Tragedie conforme et semblable à celles que la France a veues durant les guerres civiles* par Jean de Fonteny, 1600) et celui d'Henri IV (*Tragédie sur la mort du Roy Henry le Grand* par Claude Billard, écrite en 1600, éditée en 1612). Sur la mise en scène du régicide, voir Bouteille-Meister, 2016.

51 Sur leur conception de l'art tragique, voir Biet et al., 2009, p. 231-236.

52 Voir Lever, 1993.

sang, on le voit, devint comme une obsession dans la culture de la fin du XVIe siècle. Aussi n'est-il point surprenant d'en trouver autant de traces dans un album de poésie constitué en climat tragique.

UN ALBUM SOUS LE SIGNE DE LA *VARIETAS* : LA DIVERSITÉ DES FORMES POÉTIQUES

Ce manuscrit a été considéré par les critiques qui nous ont précédés en fonction des trois parties qui le composent : f. 1 à 33 ; 34 à 59 ; 62-90 (van Hamel, p. 234)[53]. Il nous a paru intéressant de l'examiner aussi selon le critère de variété qui préside à l'agencement des pièces de ce recueil. Attribuées ou anonymes, celles-ci sont en général identifiées par leur appartenance générique. Trois formes poétiques dominent : le sonnet (56 occurrences), les stances (16) et la chanson (7).

Les sonnets contenus dans ce volume ont été regroupés en deux séries. La première (fº 21 à 29), signée Jacques de Constans, ressemble à un canzoniere macabre comme l'annonce le titre même de « Sonnets des morts, des peines et des larmes ». Elle comporte 22 sonnets en alexandrins dont 21 selon la disposition sur 3 rimes de Marot (cc deed) ou de Peletier du Mans (cc dede), c'est-à-dire selon un modèle qui combine un distique à rimes plates et un quatrain à rimes embrassées ou un distique à rimes plates et un quatrain à rimes croisées. En ce qui concerne la répartition des rimes féminines (indiquées par des minuscules) et masculines (indiquées par des majuscules), on rencontre 4 schémas différents : aBBa aBBa CCd EdE (un seul sonnet) ; aBBa aBBa CC dEEd (11 s.), AbbA AbbA cc DeeD (9 s.) et AbbA AbbA CC DeeD (1 s.).

La seconde série de sonnets (fº 45 à 54) en comprend 33 en alexandrins, de facture française ; parmi ceux-ci, certains explorent les innombrables variations auxquelles donne lieu la technique de la *rapportatio*. Basée sur le classement horizontal des mots selon leur fonction grammaticale afin de faire ressortir les rapports entre les choses et la conformité de leurs parties, cette technique connut la faveur des poètes tels que Philippe Desportes, Estienne Jodelle et Jean de Sponde[54].

---

53 Quoique van Hamel indique la présence de feuilles qui suivent, ses remarques se terminent avec le Cantique de Maisonfleur (f. 76-78). Il ne fait aucune mention du poème « La Pascience » (f. 83-90vº).

54 Dans son *Traitté du sonnet* (*L'Art poetique* I) (Colletet, 1965, p. 215), Guillaume Colletet souligne surtout la logique du sens sur laquelle se tisse le sonnet rapporté : « Le secret consiste à déduire clairement, et par ordre, les divers rapports qu'il y a dans la suite des

L'importance accordée aux stances dans la seconde partie du recueil s'explique par le tournant que prend alors la poésie française. Dans le dernier tiers du XVIe siècle, le sonnet, devenu banal, se voit directement concurrencé par de nouvelles venues, les stances[55]. C'est à ce nouveau type de poésie que s'exercent Philippe Desportes et ses disciples les plus proches, notamment Jean Bertaut et les poètes dits du Louvre tels que Jacques Davy du Perron et Nicolas Vauquelin des Yveteaux[56]. Le terme de stances, de l'italien *stare*, indique la pause à la fin de chaque couplet, qui fait la particularité de ce type de poésie. Il désigne un poème à la structure peu contraignante, formé d'un nombre indéterminé de strophes similaires syntaxiquement autonomes. Selon Pierre de Laudun d'Aigaliers, ce serait par leur mètre (le décasyllabe et plus souvent l'alexandrin) que les stances se distingueraient de l'ode, forme qui connaît également un regain d'intérêt. Les stances contenues dans ce recueil sont de longueur variée : 20 strophes (une seule occurrence), 12 strophes (5 occurrences), 5 strophes (2 occurrences) et 4 strophes (3 occurrences). Elles sont toutes constituées de sixains en alexandrins selon le schéma rimique aabccb. La strophe isométrique domine ici. C'est avec Malherbe, dans les premières années du XVIIe siècle, que naîtra la vogue des stances hétérométriques[57].

Sept compositions sont intitulées chansons[58]. Mis à part le fait qu'elles sont de dimension différente, la plus longue comprenant 36 vers et la plus courte 16[59], elles présentent relativement peu de variété. La préférence pour la chanson de cinq ou six strophes, pour le quatrain (6

---

sujets proposez. Ce qui se justifie bien mieux par les exemples que par les paroles ». Mais c'est surtout un mode de composition qui se fonde sur l'énumération, le parallélisme et l'analogie. Pour une analyse de la complexité de la technique de la *rapportatio*, voir Weinberg, 1986 et Mathieu-Castellani, 1986.

55 Sur la vogue des stances entre 1570 et 1620, voir Pierre de Laudun d'Aigaliers, *Art poetique*, 1598, Livre III, ch. V.

56 Voir Allais, 1892, p. 250.

57 Voir Elwert, 1970.

58 Sur la chanson et les formes qu'on rencontre au XVIe siècle, voir B. Buffard-Moret, 2006. Les chansons reprennent la plupart des thèmes pétrarquistes cultivés par les poètes de la génération précédente : la célébration de la beauté féminine, les rigueurs de la dame envers l'amant, la liberté perdue, les contradictions du sentiment amoureux, etc. Voir Yves Giraud, 1981.

59 La plupart des chansons comportent entre 20 et 28 vers. Cette tendance vers des formes plus longues est typique de la chanson telle que la pratiquent les poètes du XVIe siècle, Ronsard, Belleau, Jamyn. Voir Buffard-Moret, *Ibid.*, p. 16.

occurrences) à rimes croisées ou embrassées (abab ou abba) ou le sixain de structure aabccb (une seule occurrence) est indicative des nouvelles tendances dans le dernier tiers du XVIe siècle sous l'impulsion de la Cour. À partir de 1560[60], la poésie, devenue principalement un divertissement mondain, se prête aux usages de la Cour qui connaît alors un véritable engouement pour la musique sous toutes ses formes et en particulier pour les airs de cour[61]. D'où la vogue de compositions poétiques aux structures strophiques qui peuvent aisément se mettre en musique comme le quatrain ou le sixain. À notre connaissance, quatre pièces furent mises en musique : « Belle, cause de mes douleurs » [74] fut mis en musique par Vincent, un joueur de luth attaché à la Cour du duc d'Angoulème. Les cinq premières strophes furent également publiées dans le *Septiesme livre des Airs de différents autheurs mis en tablature de luth par eux-mêmes* (Paris, Pierre Ballard, 1622), f. 33v°-34. Le poème de Maisonfleur, « Le soleil qui fait son sejour » [40], fut mis en forme de voix de ville, autrement dit adapté aux airs que l'on chantait par les rues par le musicien angevin, Jehan Chardavoine (1538-1580 ?)[62], et parut dans son *Recueil des plus belles et excellentes chansons en forme de voix de ville* (Paris, Claude Micard, 1588), f. 37r°-38r°[63]. Le poème intitulé « Tout ce qui est de plus beau dans les Cieux, » [44] fut repris par Claude Lejeune (c. 1530-1600) dans son *Second livre des meslanges de Cl. Le Jeune, natif de Vallentienne, Compositeur de la musique de la chambre du roy* (Paris, Pierre Ballard, 1612), f. 9r°-11r°. Selon Jean-Yves Haymoz, le grand maître musicien valenciennois, à l'instar du musicien et théoricien Gioseffo Zarlino à qui il portait une grande admiration, aurait fait usage des notes accidentelles, c'est-à-dire étrangères au mode pour mieux traduire la douceur (Haymoz, 2005). Enfin, « C'est bien force, ô mon cœur », identifié ici comme chanson et ailleurs comme stances et même complainte, fut mis en musique et publié avec quelques

60 Voir Buffard-Moret, p. 18-20.

61 Voir à titre d'exemple *Livre d'airs de cour miz sur le luth par Adrian Le Roy*, Paris, A. Le Roy et R. Ballard, 1571. C'est à partir de ce temps que le terme *air* commence à être utilisé pour désigner les compositions de cour. Sur la naissance de l'air de cour et sa vogue en France, voir Durosoir, 1991.

62 En fait, comme l'explique Claude Frissard, 1948, Chardavoine n'est ni un poète ni un musicien original. Son rôle dans ce recueil se borne à recueillir des pièces de divers poètes français et à adapter la musique d'airs en vogue.

63 Ce serait, d'après Henri Tiersot, l'unique volume de chansons monodiques qui nous soit venu du XVIe siècle. Tiersot, 1889, p. 433.

modifications dans le *Quatriesme livre* des *Airs de différents auteurs mis en tablature de luth* par Gabriel Bataille[64]. La strophe isométrique en alexandrins (2 occurrences), décasyllabes (1) et octosyllabes (2) prédomine ici, mais on rencontre deux exemples de structures hétérométriques faites d'octosyllabes et d'heptasyllabes[65] disposés de la sorte : 8s 7s 7s 8s. Dans la majorité des poèmes, la structure rimique des quatrains varie de strophe en strophe. Seule la chanson intitulée « Chanson de l'Espagnol » comporte divers jeux de répétition ainsi qu'un refrain[66] dont le dernier vers est légèrement modifié. Dans la première strophe, les jeux de son et de sens autour du terme vi(e) rappellent les pratiques des Grands Rhétoriqueurs :

> S'il vous desplaist d'estre servie
> Ne vivant que pour vous servir
> Vous serez en ce desplaisir
> Tant que durera ma vie.

Dans la seconde strophe, les échos se bornent au retour du son (m)en :

> Permettez au moins que je crie
> Puis que je ne vys qu'en tourment,
> Ou pour vostre contentement

Les autres formes poétiques illustrées dans ce recueil jouirent, pour la grande majorité, d'une popularité non négligeable au XVIe siècle. L'ode, la plus célèbre d'entre elles, connut une faveur durable à cause de sa flexibilité. Ce genre « semi-fixe » s'adapte en effet à tous les sujets, à tous les tons et à tous les mètres comme l'a si bien montré François Rouget (Rouget, 1994). L'« odelette » incluse dans ce recueil [8v°] ne manque pas de rappeler la fraîcheur de certaines pièces de Ronsard ainsi que leur ton léger et gracieux.

La complainte dont on trouve ici deux illustrations, est une autre forme mal définie à l'époque. Assimilée par Thomas Sébillet soit à l'élégie,

---

64 Bataille, 1613, f. 54v°-55r°. Speyer, 2017, analyse les changements affectant la chanson à l'aube du XVIIe siècle, de genre écrit intégré aux recueils collectifs de poésies à poésie chantée publiée dans les recueils collectifs de chansons et les livres d'airs.

65 Il s'agit là « des vers lyriques », ces mètres étant, selon Ronsard, tout particulièrement adaptés pour les pièces musicales. Voir Ronsard, t. 2, 1994, p. 1187.

66 Le refrain, perçu comme une composante trop liée aux formes du passé médiéval, tend à disparaître à la Renaissance. Voir Buffard-Moret, *Ibid.*, p. 15.

soit à l'églogue, soit à l'épitaphe, elle n'est souvent autre chose qu'un poème funèbre ayant pour objet de pleurer la disparition d'un grand personnage[67]. Les poètes de la seconde moitié du XVIe siècle s'en sont fait une conception plus large et s'en sont souvent servis pour rendre les états d'âme que crée l'infortune amoureuse. Adoptant cette thématique, les deux pièces insérées dans cet album sous le titre de « Complainte » [9] et de « Complainte aux eaux chaudes des Monts Pyrenées » [31] se ressemblent par l'usage récurrent qu'elles font de l'apostrophe et le rôle qu'elles accordent à la nature en tant que confidente de l'amant malheureux et témoin de ses souffrances. Leur forme mérite notre attention en ce sens qu'elle témoigne de la flexibilité de cette forme à l'époque et de l'intérêt qu'on commence à porter aux strophes hétérométriques. Sébillet préconisait l'usage du décasyllabe et des rimes plates. Constans affirme ici son indépendance par le mélange de vers de 6 et de 10 syllabes ou de 10 et de 12 syllabes, par son emploi du quatrain aux rimes embrassées et du sixain qui rime sur le schéma aabccb.

« Pastorale » est le titre donné à la pièce qui se trouve au f. 55. Ce titre donne à penser qu'il s'agit là d'un genre convenu, mais l'évocation dès le premier vers d'« un foudroyant oraige [qui] brise un pin » signale que ce n'est pas le cas. Les modifications apportées par la suite au *locus amoenus*[68] – les oiseaux qui s'arrêtent de chanter, « les ruisseaux taris, les sources dessechées » (v. 77), « les campaignes fanées » (v. 78), « les arbres… sans fruit » (v. 79), les troupeaux livrés sans défense au loup, etc. – viennent confirmer que la forme pastorale est employée ici pour dire autre chose que la douceur des plaisirs rustiques ou les ébats innocents de bergers et de bergères. Thomas Sébillet définissait l'églogue comme un genre « traittans soubz propos et termes pastoraus, de morts de Princes, calamitez de tems, mutations de Republiques, joyeus succés et evenemens de fortune, louenges Poétiques, et teles choses ou pareilles » (*Art poétique Françoys*, ch. VIII, p. 159). L'auteur de cette pastorale considère lui aussi la pastorale comme susceptible de s'adapter à tous les thèmes et à tous les tons. Il l'utilise ici comme une forme de déploration pour faire l'éloge funèbre d'Odet d'Andelot, le frère puîné de Louise de Coligny. Le spectacle de la nature en deuil avec l'usage récurrent des apostrophes et des questions

67 Voir *Art poétique Françoys*, ch. XII (Sébillet, 1910, p. 178-179).

68 Sur d'autres types de modifications apportées à l'espace pastoral dans la poésie baroque, voir Macé, 2002.

paraît tout particulièrement apte à dire la tristesse universelle et le manque de compréhension suscités par la mort considérée comme prématurée du grand homme (« fauché… au vert de son printemps », v. 71).

Le discours en vers dont on ne trouve ici qu'un seul exemple [3], suit les règles du genre, tant pour la versification (l'emploi de l'alexandrin et des rimes plates) que pour l'usage qui en est fait (le développement plus ou moins substantiel d'un sujet de tout espèce). Par l'exposé des souffrances extrêmes auxquelles l'amant malheureux est en proie et par les emprunts à la veine plus sombre du néo-platonisme noir et de la *disperata*, ce « Discours tragique » cherche à susciter la pitié et la crainte à l'instar des grandes tragédies du siècle classique.

Le dialogue, un autre genre tout particulièrement affectionné par les humanistes[69], ne se rencontre ici qu'une seule fois (« Dialogue », [37v°]). Cependant, à y regarder de plus près, on s'aperçoit que la forme dialogique ne sert pas, comme on pourrait s'y attendre, à l'exposition de deux points de vue, mais est simplement prétexte à chanter les louanges de Louise de Coligny.

Par *terza rima* on désigne un poème en tercets, où le premier et le troisième vers du tercet riment ensemble et le vers du milieu fournit la rime extrême du tercet suivant (aba bcb cdc ded). La *terza rima*[70] fut utilisée par Dante dans sa *Divina Commedia*, puis reprise par Pétrarque dans ses *Trionfi*. C'est Jean Lemaire de Belges qui l'introduisit en France. Il l'employa dans plusieurs de ses œuvres, notamment dans *Le Temple d'Honneur et de Vertu* (1503) et en partie dans *La Concorde des deux Langages* (1511). L'exemple contenu dans cet Album sous le titre de « Rimes tierces » [6] est d'autant plus précieux que cette forme fut relativement peu cultivée en France. Après avoir connu un certain succès auprès des Grands Rhétoriqueurs (Jean Boucher, Hugues Salel et Mellin de Saint-Gelais) et auprès de celles qui en furent les héritières comme Pernette du Guillet[71] et Marguerite de Navarre[72], elle fut pratiquée par quelques poètes de la Pléiade et les pétrarquisants tardifs tels que Philippe Desportes.

69 Pour une étude d'ensemble, voir Kushner, 2004.

70 D'après Kastner, 1904, la *terza rima* serait une variation du sirventès (serventese ternario incatenato), poème occitan des troubadours.

71 Voir « La nuict », *Les Rymes*, Lyon, Jean de Tournes, 1545, p. 62 et suiv.

72 Voir le *Dialogue en forme de vision nocturne*. Sur l'usage que Marguerite fit de la mesure italienne, voir Pellegrino, 1920, p. 6-31.

Le quatrain, qui figure ici six fois (f. 1 [1 fois], f. 44v° [2 fois] et f. 51 [3 fois]), fut, avant même les apologues, les maximes ou les caractères, une forme privilégiée de la littérature morale des XVIe et XVIIe siècles[73]. D'ordinaire non signé, ce type de poésie fut sans doute composé à la hâte pour une occasion particulière ou ce fut peut-être l'œuvre de poètes amateurs ou occasionnels suscités par le hasard.

Dans un recueil en hommage à une calviniste aussi fervente que l'était Louise de Coligny, on s'attendrait à trouver au moins quelques vers sacrés. L'Album en contient en effet, y compris un cantique par Étienne de Maisonfleur [76] et deux psaumes (le 19, psaume de requête pour le secours du juste et le 148, psaume de louange au Très-Haut) qui sont paraphrasés en vers, le premier par Jacques Davy du Perron [63], le second par Jean Bertaut [64].

Le terme cantique désigne à l'époque un chant en langue française, construit selon un schéma simple et servant à l'expression du sentiment religieux. Composé de 21 sixains d'heptasyllabes rimant sur le schéma aabccb, le Cantique de Maisonfleur sur le massacre de la Saint-Barthélemy se voit investi de plusieurs missions[74]. Plainte, appel à la vengeance divine, il sert également à des fins propagandistes et au devoir de mémoire. Riche en références bibliques (psaumes 74 [Vulgate 73] et 79 [78], passages du Livre d'Isaïe et du Livre des Lamentations), il se démarque par plusieurs procédés rhétoriques : les répétitions, les parallélismes, le jeu habile des pronoms personnels et des adjectifs possessifs servant à mettre en évidence l'opposition entre *ils* et *nous*, *leurs* et *nos*, mais aussi le parallélisme entre *nous* et *tu* (*nos* et *ton* ou *tes*) afin de montrer que c'est à Dieu lui-même que les impies s'en prennent en attaquant les huguenots. On notera encore l'usage du discours direct qui crée un effet d'immédiateté en nous donnant à entendre l'arrêt de mort prononcé contre les fidèles (« Tuons tout ! », v. 40), les images frappantes, notamment celles du sang et de la couleur rouge caractéristiques de la poésie baroque et la reprise de sons durs et explosif tels que *par* (« *Par* fer, *par* sang, *par* carnage… », strophe 9) qui suggère l'extrême

73 Voir à titre d'exemple les *Quatrains* de Guy du Faur de Pibrac (1574-1576), les *Tablettes de la vie et de la mort* de Pierre Matthieu (1610) et les *Quatrains de la vanité du monde* de Claude Guichard (1612). Certains de ces recueils furent même réunis sous formes de compilations comme *Les Quatrains des sieurs de Pybrac, Favre, et Mathieu* (1667). Voir Vignes, 2005.

74 Pour une autre lecture de ce Cantique, voir Pinaux, 1973, p. 798-803.

violence du massacre et annonce dans le même temps le nom de Paris où le carnage commença : « Paris seul fust la ruine / que par Paris France meure / Paris seul sera sa fin » (v. 103, 106, 108).

Les psaumes furent traduits, adaptés, commentés et mis en musique tout au long du XVIe siècle. Suite au succès foudroyant que connut le Psautier de Genève[75] dès sa publication en 1562, les écrivains catholiques s'essayèrent à leur tour à faire des traductions et des adaptations. Philippe Desportes en donna quelques-unes dans ses *Premières Œuvres* (1587) mais c'est surtout par sa traduction en vers des *Cent Cinquante Psaumes de David* (Paris, Rouen, 1603) qu'il s'illustra[76]. Les paraphrases de Bertaut plurent pour un temps. On admirait chez lui « la puissance de développement [qui], quoique abondante encore, se restreint dans de justes limites ». La forme jugée « parfaite » de certains couplets de la paraphrase reproduite ici lui valut un beau compliment. On compara les strophes 16 à 19 à une *Harmonie* de Lamartine. Georges Grente estime que Corneille qui, lui aussi, avait traduit en vers le psaume 148, est inférieur à Bertaut : « s'il [=Corneille] a rimé quelques strophes plus élégantes, il n'a pas égalé certains couplets de Bertaut » (Grente, 1903, p. 222). Bertaut se distingue par une conception plus libre de la paraphrase, ayant souvent recours à la technique de l'amplification. Du Perron, pour sa part, opte pour une plus grande fidélité à l'original et s'emploie à la recherche de la simplicité et de la majesté, les deux choses qui, selon lui, ne se trouvent véritablement que dans la langue maternelle de l'Écriture. Or, si l'on fit grand cas des « vers délicats » de Bertaut et des « paraphrases plus vigoureuses du cardinal du Perron », leurs œuvres furent bientôt éclipsées par celles de Malherbe et des poètes de la nouvelle école[77].

Un long poème allégorique d'Anne de Rohan[78] à la louange de la « Pascience » et de celle qui en fut la figure emblématique vient clore l'Album. Le songe sert de cadre au récit allégorique comme on le voit

---

75 Issu des psaumes de Strasbourg (*Aulcuns pseaulmes et cantiques mys en chant*, 1539), le Psautier de Genève se constitua entre 1541 et 1562 à partir des traductions de Clément Marot, puis de Théodore de Bèze, et des mélodies de Guillaume Franc, Loys Bourgeois et Pierre Davantès. Sur les différents psautiers (Psautier de Genève, de Paris, de Lyon) et sur la postérité du Psautier de Genève, voir Noailly, 2011.

76 Sur Desportes, poète chrétien et sur la fortune considérable de ses *Cent Cinquante Psaumes*, voir Petey-Girard, 2005.

77 Sur les paraphrases de Bertaut et Du Perron, voir Leblanc, 1960, p. 26, 32-33, 45, 180.

78 Pour l'attribution du poème à Anne de Rohan, voir ci-dessus, p. 22-23.

souvent au Moyen Âge[79] : c'est en effet en rêve que l'allégorie de la Pascience apparaît au poète. Or ce poème encomiastique, où domine l'onirique revêt un aspect à la fois didactique et polémique[80]. D'une part, sous le couvert de l'*encomium* sont exposées les doctrines de la théologie calviniste, notamment celles sur sur le péché originel[81] et sur la nécessité de se plier à la volonté de Dieu[82]. D'autre part, le type de consolation prodiguée par Dame Pascience montre combien la position des Réformés a changé à l'époque où ce poème a été composé. Ils avaient cru, dans un premier temps, qu'en tant qu'instruments de Dieu au service de sa cause, le triomphe de l'Église réformée leur serait accordé. Pourtant, face aux victoires des forces catholiques, ils hésitaient à réclamer la vengeance immédiate[83], comme ils l'avaient fait au lendemain du Massacre de la Saint-Barthélemy. En revanche, ils rappelaient au fidèle l'impuissance de l'être humain à sonder la volonté divine et l'importance de considérer la souffrance non seulement comme une épreuve voulue par le Tout-Puissant, mais aussi comme le moyen de se rapprocher de lui : « Tu verras sans bransler bransler tout l'univers, / Tu verras sans despit prosperer les pervers, / … Rien ne contristera ton esprit pascient, / Rien ne surmontera ton courage constant » (v. 452-453 et 456-457)[84].

C'est au poète que revient l'honneur d'offrir à Louise de Coligny la guirlande que Pascience lui a préparée en reconnaissance de sa patience exemplaire mais Dame Pascience disparaît en emportant avec elle la récompense destinée à Louise. À sa place, le poète lui offre le poème qui s'achève par ces mots : « Princesse par ces vers je t'offre la coronne / Dont cette grand'beauté tes merites guerdonne. » (v. 230-231). L'envoi mérite qu'on s'y arrête, car il met en scène le moment capital où le poète offre « *ces* vers » (entendre « La Pascience » mais aussi l'Album)

79 Voir Zumthor, 1972, p. 115-120.

80 Voir Bellenger, 1979 à propos de la présence du réel dans la poésie onirique du XVIe siècle.

81 « [les] grands desbordemens de l'adamite race, / Leur desobeissance, orgueil, fureur, audace, » (v. 118-119).

82 « Car s'il le veult ainsi, qui es tu, ô vermine, / Qui t'establis pour juge à sa grandeur divine ? » (v. 182-183).

83 Voir le Cantique de Maisonfleur, ci-dessus, p. 16, 20, 27, 180-184, 211-212.

84 Voir à ce propos Daussy, 2015, p. 9 et passim. « Le vocabulaire des protestants donne un relief particulier à la vertu de patience » (Carabin, 2004, p. 140). Il ne s'agit pas de l'*apatheia*, que Calvin rejette comme la « folle sagesse » des stoïciens (*Institution*, 1818, L. III, ch. VIII, p. 175), mais d'une vertu active et courageuse, pleine d'espérance, dont la finalité est en Dieu (Calvin, *Institution*, 1818, p. 174).

à l'illustre « Princesse ». Comme dans les représentations du temps[85], l'attention se porte non seulement sur celle qui reçoit, mais aussi sur celle qui donne et qui, dans la lumière de l'Autre, voit enfin le jour. Le poème-« coronne », on le voit, couronne le fruit des efforts humains, la capacité de faire face à l'adversité et, pour la poète, l'achèvement de l'Album et l'accès au statut de sujet (« *je* t'offre »). Étrangement, le poème-« coronne » qui clôt l'Album de Louise de Coligny annonce un autre album, la fameuse « Guirlande de Julie » en hommage à Julie d'Angennes. Composé uniquement de poésies galantes, cet album verrait le jour dans l'un des plus illustres salons du XVIIe siècle, l'Hôtel de Rambouillet.

Résumons : À l'opposé des albums du XVIe siècle en hommage à une dame, l'Album de Louise de Coligny ne nous éclaire pas sur les activités littéraires et créatives qui auraient eu lieu au sein d'un cercle lettré. Il n'empêche qu'il réunit les écrits de poètes qui furent amenés à collaborer dans d'autres circonstances, en dépit de leurs différences confessionnelles, et à contribuer aux principaux recueils collectifs de poésie publiés à la fin du siècle[86]. Miraculeusement conservé après avoir passé dans de nombreuses mains, cet album s'avère être aujourd'hui d'une grande utilité. Du point de vue historique, il fournit des renseignements importants sur les grands de la Réforme, en particulier sur la famille Coligny, et perpétue la mémoire des hauts faits que leur inspira la cause huguenote. D'un point de vue littéraire, l'étude de cet album permet d'avoir une idée plus précise de l'état de la poésie amoureuse dans les dernières décennies du XVIe siècle, éclairant tantôt les traces laissées par la grande tradition pétrarquiste, tantôt les nouvelles tendances esthétiques qui virent alors le jour en réponse à la violence et à l'horreur des guerres civiles et religieuses. La poésie lyrique sacrée sous des formes particulièrement appréciées en cette fin de siècle telles que le cantique et les paraphrases de psaumes y trouve également sa place, ainsi que la littérature pastorale qui, elle, s'épanouirait pleinement au siècle suivant. Enfin, du point de vue de l'étude des femmes, cet album nous invite à découvrir à travers les grandes étapes de la vie (mariage, veuvage) et les expériences les plus marquantes de la condition humaine (l'amour

85 L'une des plus connues est celle où Marguerite de Navarre offre l'un de ses livres (Le débat d'Amour) à Anne de Pisseleu, duchesse d'Étampes.

86 Sur ces recueils et leur importance, voir Mathieu-Castellani, 1976.

maternel, l'amitié féminine, la foi, le deuil de ses proches, l'adversité en tout genre, la fuite et l'exil) une figure féminine longtemps restée dans l'ombre. Certains poèmes révèlent des aspects peu connus de la personnalité de Louise de Coligny comme l'intérêt que cette grande dame de la Réforme manifesta pour la poésie mondaine de son temps, tandis que d'autres mettent en lumière des facettes reconnues en son temps telles que sa force de caractère et sa constance exemplaire dans l'adversité.

Nos remerciements à la direction et au personnel de la Koninklijke Bibliotheek à La Haye (Pays-Bas) pour avoir préservé ce manuscrit et nous y avoir donné accès ; à François Rouget ainsi qu'à nos collègues, mécènes, collectionneuses et spécialistes des femmes-écrivains d'Ancien régime, et tout particulièrement à Elizabeth H. Hageman, Margaret P. Hannay et Anne R. Larsen.

NOTE SUR LA PRÉSENTE ÉDITION

Notre transcription a été faite à partir du Manuscrit 129 A 23 conservé à la Koninklijke Bibliotheek (La Haye, Pays-Bas) sous le titre « Poèmes d'amour français recueillis par F.A.D.M. (= Françoys Auzière de Montpellier) pour Louise de Coligny ». Les annotations dans des mains différentes de celles des textes poétiques ont été reproduites ainsi que les signes ajoutés (fermesse huguenote $, λλ signature de Louise de Coligny) et une phrase en grec. Plusieurs textes, surtout ceux des 33 premiers feuillets, sont ornementés de dessins (fleurs, vignes, etc.) que nous n'avons pu reproduire.

Nous avons respecté la graphie et la langue originales, sauf là où, pour répondre aux normes de l'édition critique moderne, nous avons dû apporter quelques modifications.

Nous avons ainsi :

- dissimilé le u du v, le i du j,
- rétabli les majuscules des noms propres,
- résolu les abréviations,
- désagglutiné certains mots : nomplus, soimesme, soymesme, entreux, trescurieux, braslecœur ; m'outrage, l'esprit, qu'il, m'estonne, l'eau, ç'a
- remplacé l'esperluette par et,
- résolu les tildes,
- accentué le e final tonique (é, ée, és et ées),
- mis un accent diacritique pour distinguer a de à, ou de où, la de là,
- introduit la cédille sous le c devant a, o et u.

Pour faciliter la compréhension, nous avons modernisé la ponctuation en ajoutant des virgules et en coupant certaines phrases par des points. Lorsque les deux points nous paraissaient ambigus, nous les avons remplacés par un point virgule.

Nous avons signalé en note les passages ou les mots qui ont fait l'objet d'une légère intervention de notre part. Conformément à l'usage moderne et pour faciliter la consultation du livre, nous avons numéroté les vers. Les titres sont présentés dans leur version d'origine.

Dans cet Album, très peu des poèmes portent un nom d'auteur. Quand un poème est connu dans d'autres versions manuscrites et / ou imprimées, nous l'indiquons et donnons le nom de l'auteur ainsi que les variantes sémantiques en fin de volume.

Les annotations en bas de page expliquent les particularités des poèmes ainsi que leur contexte historique et littéraire.

Le lecteur trouvera en fin de volume un glossaire utile à l'éclaircissement de la langue du XVIe siècle, la table alphabétique des incipit, la table alphabétique des titres, un index nominum et un index rerum.

Nous espérons avoir mis à la disposition du lecteur une édition de cet album à la fois fiable et de consultation aisée.

Jane COUCHMAN
et Colette H. WINN

ALBUM LOUISE DE COLIGNY

ALBUM LOUISE DE COLIGNY

DE DEUX POËTES DE CE TEMPS[a]

De lourds estremitéz estand fort impuissand,
Puisqu'à faire de vivre l'ung et l'autre s'arreste,
Pardonnez leur s'ils n'ont ny cadence, ny sens,
Car l'ung n'a point de piedz, ny l'autre point de teste.

À TRESILLUSTRE ET TRESVERTUEUSE DAME, MADAME DE TELLIGNY POUR LA TRANSCIPTION DE CE LIVRE[b] [2]

***
**
*

MADAME, les presents ne prennent leur valeur
Que de la volonté qui nous demeure au cœur :
L'œuvre donc maintenant que vostre je vous donne
Estimée[c] sera par ma volonté bonne.
Or, escrivant ces vers qui parlent de l'amour
D'un amour tresardent je desiroys le jour,
Où je puisse monstrer par un meilleur office
Le grand amour que j'ay de vous faire service.

Par celuy qui vous sera toute sa vie
treshumble et tresobeissant serviteur

F.A.D.M.[d]

AUX LECTEURS sur le subject de ce livre : SONET [2v°]

J'AY pensé maintesfois que tous ces beaux discours
Des malheureux amantz n'estoyent rien qu'une fable,
Et que souvent le faux nous semble veritable :
Mais, certes, maintenant je croy tout au rebours.

Lisant de cest autheur les constantes amours,
Tout ravy j'ay cognu, qu'un esprit honnorable
Ne vouldroit jamais estre estimé miserable,
8 S'il n'avoit vrayement affaire de secours.

Pourtant, vous qui aymez l'amoureuse leçon,
En quictant le sourcil du severe Caton[1]
11 Lisez ces beaux escrits : Et sans faire la preuve

(Preuve bien dangereuse à qui n'a pas bon cœur)
Vous verrez, soubs l'espoir de vie et de douceur,
14 Que l'amer, et la mort dedans l'amour se treuve.

F.A.D.M.[e]

DISCOURS TRAGIQUE[2] [3]

1 Un malheureux amant nourrissant dans ses veines
La fournaise d'amour, forgeron de ses peines,
Bruslant dans le brasier d'une ingrate beauté[3]

---

1 Caton d'Utique, philosophe stoïque grec qui se tua suite à la défaite des Républicains en 46 av. J-C. Utilisé ici pour désigner Gaspard de Coligny, ce nom exprime l'admiration que l'auteur porte au grand chef huguenot. Sur ce nom désignant l'amiral de Coligny dans les poésies de l'époque, voir à titre d'exemple Agrippa d'Aubigné, *Les Tragiques*, Liv. V, v. 831-832 (Aubigné 1969, p. 170) : « D'un visage riant notre Caton tendoit / Nos yeux avec les siens… ».

2 Ce poème de 208 vers alexandrins à rimes plates avec alternance des genres est une réécriture de l'idylle 23 du Pseudo-Théocrite. Selon E. Droz (Droz, 1962, p. 38-39), ce serait par Florent Chrestien, le nouveau précepteur du fils de Jeanne d'Albret, que Constans aurait eu connaissance de cette idylle grecque. (Chrestien avait traduit Théocrite en vers latins.) Le scénario tragique tire son inspiration de la *disperata* ainsi que du théâtre de la cruauté qui renaît avec la tragédie d'inspiration sénéquéenne en vogue à la fin du XVIe siècle. L'influence du théâtre tragique renouvelle le genre italien de la *disperata* en accusant ses aspects noirs et désespérés. On retrouve ici, d'une part, le registre tragique avec ses thèmes de prédilection tels que l'érotisme cruel, la relation sadomasochiste entre amant et maîtresse, la fin funeste de l'amour et le thème sacrificiel et, d'autre part, le registre pathétique usant des procédés comme l'exagération et le discours direct qui donne à entendre la voix de la victime.

3 Sur la question du non-respect de la logique vertu / récompense et la thématique de la fidélité trahie implicite ici et amplement développée dans le Roland furieux, voir « Roland fou furieux » (Garrido, 1996, p. 7-9).

Dont la douce façon couvroit la cruauté,
Servoit une maistresse et belle et rigoureuse,
Qui tousjours ennemie et jamais amoureuse,
Fierement ignoroit quel dieu fut Cupidon,
Quel son arc, quelz ses traicts, sa trousse et son brandon,
De parole et d'attrais tousjours plus inhumaine,
Pour redoubler son mal, qui rioit de sa peine !
Qui n'eut jamais pour luy de regard gratieux
Ny de visage doux, ny de ris amoureux,
Et qui permettoit moins encor que le langage
Les baisers medecins de l'amoureuse rage[4].
Mais comme un cerf contrainct d'abandonner son fort,
Couru de mille chiens affamés de sa mort,
Hors d'espoir de sauver sa vie de vistesse
Suit d'un œil furieux le veneur qui le presse ;
Qui fiere ainsi plustost regardoit son amant
(Regard qui deut guerir un plus cruel tourment)
Car deslors sa beauté devenue moins belle,
Ses deux joues perdans leur couleur naturelle,
Et son front herissé d'une extreme fureur
Tesmoignoient le courroux qu'elle portoit au cœur[5].
Or ce qui deut servir pour amortir sa flamme
Renoue les filetz dont s'enlace son ame,
Si bien qu'en fin poussé d'un cruel desespoir,
Qui luy faict oublier soy mesme et son devoir, [3vº]
Tout forcené d'amour il court chez sa maistresse

4 Le baiser occupe une place fondamentale dans l'érotisme renaissant. Mais, comme on le note ici, « la marque la plus importante de [cet] érotisme est le fait que le corps construit par les textes, est évanescent, difficilement saisissable, à la fois présent et absent. […] le corps désiré n'est à peu près jamais étreint par le poète, qui bute à répétition contre le même obstacle, le refus de la dame » (Dorais, 2008, p. 272). Sur la vogue littéraire des *Basia*, réintroduite à la Renaissance par les poètes néo-latins Jean Second et Michel Marulle, voir (Habert, 2009, p. 171-190). Sur la folie furieuse causée par l'insatisfaction amoureuse et l'exacerbation du désir frustré, voir Rochon, 1981 et Garrido, 1996, p. 14-27.

5 On décrivait la colère comme un mouvement de chaleur très violent entraînant des manifestations physiques et psychologiques. Les effets physiques indiqués ici, la rougeur du visage et le front renfrogné, étaient parmi ceux qui étaient le plus fréquemment évoqués. Voir les discours prononcés au Louvre en février et mars 1576 sur la passion de la colère, notamment les deux discours d'Amadis Jamyn intitulés « De l'ire et des moyens de la moderer », in Frémy, 1887, p. 281 et 291.

Et sans entrer dedans tant sa fureur le presse,
L'huys baigne de ses pleurs et rebaise cent fois,
Commence à s'escrier d'une tremblante voix ;
« O ma fiere maistresse, o cruelle ennemie,
Non, non, maistresse, non, tigresse d'Hyrcanie[6],
Race des durs rochers[7], nourriture des ours,
Indigne desormais des humaines amours,
Bourrelle qui de sang[8] seulement te contente,
Prens ce dernier present, ceste espée sanglante
Du sang digne des yeux d'un visage plus doux.
Or pour ne servir plus d'allumer ton courroux,
Je veux executer ton inique sentence
Aux rivages obscurs du fleuve d'oubliance[9]
(Comme remede à tous les malheureux amans),
Mais qui fera son cours au travers de mes flancs
Avant que de ma soif la flamme soit esteinte.
Tes portes cependant, vrays tesmoings de ma plainte,
Ouyront aujourd'huy ce mien dernier adieu.
Sçais tu qu'il adviendra ? la fin suit le millieu
De tout commencement ; la rose espanouïe
Qui fleurit au matin, sur le soir est flestrie[10],
La violette est bien l'honneur de son printemps,
Mais ses mois et ses jours sont plus longs que ses ans.
Tant que le liz blanchit, sa fleur est estimée,
Mais on la foule aux piedz soudain qu'elle est fenée.

6 Région située au sud de la mer caspienne. Dans l'Antiquité, ce nom désignait une région sauvage habitée de tigres féroces. Dans la poésie pétrarquiste, le motif de la femme tigresse ou ourse caractérise l'extrême cruauté de la dame à l'égard de l'amant.

7 Allusion au cœur-rocher, métaphore de l'insensibilité, *cf.* Desportes, *Les Amours de Diane*, éd. Graham, 1959, vol. 2, p. 286 : « O Mort ! tu pers ton temps de me poursuivre ainsi / Me tenant miserable en fievre continuë, / Qui trouble mon cerveau comme la mer émeuë, / Battant de cent boüillons un rocher endurci. »

8 Comme le note E. Droz (Droz, 1962, p. 40-42), le motif du sang lié à celui de la fureur est très présent dans ces vers (on note 14 occurrences de ce mot ou de ses dérivés). Sa présence souligne les rapprochements qu'il y à faire entre ce Discours (composé en 1567-1568) et les *Stances* et *Odes* d'Aubigné, écrites dans les années 1572-1573. Reflet de la violence des guerres de Religion, l'image quasi obsessionnelle du sang s'inspire des tableaux représentant les carnages qui marquèrent cette époque (*cf. Les Massacres du Triumvirat* par Antoine Caron, 1562 et 1566).

9 Léthé, un des cinq fleuves de l'enfer.

10 Sur la fleur qui se fane et le vieillissement prématuré, symboliques de la fuite du temps et de la menace destinée à la dame qui résiste à l'amant, voir Yandell, 2000, p. 21-29 et 48-84.

La blancheur de la neige aux tenebres reluict,
Mais d'un lustre fondé sur le froid d'une nuict,
Et la beauté seroit encor plus belle chose
S'elle n'estoit flestrie aussi tost comme esclose.
Tu pleureras un jour le temps de ta moysson
Et voudras recueillir ton fruict hors de saison,
Souspirant le desdaing d'une pareille flamme,
Que si la cruauté parfois quitte ton ame, [4]
Ores je te requiers un seul et dernier don
Qui sera qu'au matin sortant de ta maison,
Lors que tu trouveras au travers de ta porte
L'effect de ta rigueur, ceste charoigne morte,
Au lieu d'ame et de vie un fer nud dans le flanc,
Noyé dans un ruisseau de larmes et de sang.
Ne m'outrepasse point sans me voir, inhumaine,
Arreste un peu pour Dieu et pleure de ma peine,
Puis soudain l'essuyant, veuille embrasser ce corps
Qu'une mort va priver de mille et mille morts,
Mais j'ay peur qu'en voyant la mort vive en ma face,
Tu t'enfuyes d'effroy. Voile moy de ta grace,
Aprez m'avoir au moins honnoré d'un baiser
(On peut un ennemy mourant favoriser)[11].
Crains tu de m'approcher ? Je ne puis plus revivre,
As tu peur qu'un baiser de la mort me delivre ?
Fais toy mesme couvrir, mais les larmes à l'œil
Mon corps et mon amour dans un mesme cercueil,
Puis en te retirant pour ta derniere peine,
Te pleignant à chacun que la mort inhumaine
Ravit en me tuant ton meilleur serviteur,
Dis trois fois ces trois mots : 'repose toy mon cœur',
Permettant à la fin que quelcun puisse escrire
Sur mon tombeau ces vers tesmoings de mon martire :
'SACHEZ icy passans, sans plus outrepasser[12],

11 C'est précisément la requête accordée à l'amant sur le point de mourir dans la nouvelle 9 de l'*Heptaméron* de Marguerite de Navarre.

12 Cette manière de faire entendre la voix du défunt pour renseigner les passants et susciter leur pitié fait partie des stratégies énonciatives de l'épitaphe exploitées par des poètes tels que Marot. Voir Tomarken, 1997, p. 299-313.

Que trop d'amour a faict cest amant trepasser,
Et sachez que celuy qui gist soubs ceste lame,
Fust cruel serviteur d'une cruelle dame'.
Or, en faisant icy la fin de son discours,
Pour finir tout d'un coup sa vie et ses amours,
Il tourne furieux, d'une main asseurée,
Contre son estomac la pointe de l'espée,
Et se jettant dessus, poussé de sa fureur, [4v°]
Faict chemin à la mort au travers de son cœur,
Où l'entrée du fer fist sortie à la vie,
Qui ne fust pas plustost de sa place partie
Que le corps pasle et froid tombe mort estendu,
Voulant s'unir encor à son sang espandu,
Sang versé pour rougir la porte importunée
Des larmes paravant tellement arrousée
Que la terre en a veu ramolir sa durté,
Mais qui n'ont peu flechir la dure cruauté
De ceste fiere icy de tout poinct obstinée,
Qui partant du logis à l'heure accousteumée,
N'ayant d'ame et d'amour non plus que de douceur,
Regarde d'un œil sec et sans changer couleur
Celuy qui pour l'aimer d'un amour trop extreme,
N'a point eu d'ennemy plus cruel que soy mesme,
Puis adjoustant en fin le forfait au desdain,
Faict gloire de fouler aux piedz le sang humain.
Mais comme quelque fois le meschant de nature
Voulant faire le mal fait bien à l'adventure,
Et le bien qu'on avoit longuement desiré
Souvent arrive alors qu'il est moins esperé,
Ce monstre furieux, ou la mesme furie
Aussi fiere à la mort que cruelle à la vie,
Les piedz trempés au sang du miserable amant,
Ne cerchant que les lieux de son esbatement,
Laisse de pas sanglants une cruelle trace
Tout le long du chemin qui conduict à la place
Des communs passetemps, des danses, et des jeux,
Où dansant elle peinct encore beaucoup mieux
De ses piedz deux pinceaux l'histoire de sa vie,

Que le sang et la mort n'ont peu rendre assouvie.
Or les Dieux qui ont tout tousjours devant les yeux
Aussi cruelz vengeurs que peres gracieux,
Portants pour nos forfaicts l'un bras doux, l'autre rude,
Et tousjours aigrement vengeants l'ingratitude,
N'ont pas voulu souffrir tant de cruelz desdains
Du Dieu pere commun, et d'eux, et des humains.
Car au lieu mesme auquel la danse estoit dressée [5]
Un Cupido de marbre à la tresse dorée
Paroissoit eslevé pour estre veu de tous.
Quand la fiere à son rang venant passer dessoubs[13],
Trouve qu'il n'estoit là que pour vendre vengeance
Et punir par sa mort son immortelle offence.
Car lors à poinct nommé on le voit fondre embas
Sur celle seulement qui ne l'honnoroit pas,
Et qui dessoubs le fais creve de telle sorte
Que son plus grand malheur est de n'estre pas morte.
Mesme voyant son sang divisé par ruisseaux
Qui court cerchant les pas marquez sur les quarreaux
Du sang trop desdaigné, là où la mort assemble
Ceux qui vivants l'amour n'avoit peu mettre ensemble,
Lors n'ayant quasi plus ny d'ame ny de voix
Profere ainsi ces mots pour la derniere fois :
« Amants qui nourrissés au profond de vos ames
D'une constante foy la braise de vos flammes,
Et qui faictes servir vos souspirs et vos pleurs
D'ung humide Zephir à croistre vos ardeurs,
Ne vous lassez jamais au fais de la constance.
La chaleur suit le feu, et le fruict l'esperance;
Voyez comme les dieux favorisent vos yeux
Et se rendent jaloux du desdain de vos vœux[f].
J'ay fuy les liens d'une amitié constante,
J'ay payé l'humble amour d'une hayne arrogante,
Les pleurs et les souspirs ne peurent m'esmouvoir

---

13 C'est précisément la punition infligée par Vénus à la fière Méridienne dans le deuxième des *Comptes amoureux* de Jeanne Flore « admonestant les vertueuses dames d'eviter orgueil et rigueur ». On lira à ce propos l'article de Cathleen M. Bauschatz, (Bauschatz, 1995, p. 5-21).

Tant l'orgueil me rendit aveugle à mon debvoir.
La mort mesme me pleut, et le sang hors des veines
Fut recognu de ris, comme les moindres peines.
Mais je sens aujourd'huy que les dieux ont horreur
De souffrir longuement une telle rigueur,
Et vous voyez comment leur divine justice
A mon cruel forfaict esgalle son supplice.
Que si l'on doit tirer du profit d'un malheur
(Maistresses qui rendez pour le feu la froideur)
Aimés voz serviteurs si vous aymez la vie,
Puisque pour n'aymer point la mienne m'est ravie.
Les cieux d'où vous tenez toute vostre beauté
Vous forment au patron de la divinité,
Et les dieux veulent bien à quiconque les ayme,
Or vous les ressemblez, faictes donques de mesme.
Les dieux vous font aymer pour estre aymez en vous, [5v°]
Et vous font regarder pour estre veus de tous,
Que si l'on ne vous voit aussi douces que belles,
Vous les faictes hayr en vous monstrant cruelles.
Aymez donc vos amys, laissez la cruauté
Aux cœurs qui n'ont d'amour non plus que de beauté,
N'attendés du mespris de la flamme amoureuse,
À l'exemple de moy, qu'une mort malheureuse,
N'attendés des rigueurs pour salaire certain
Qu'avec l'ire des dieux des hommes le desdain.
O dieux par trop humains à moy trop inhumaine,
Redoublés coup sur coup, donnez peine sur peine,
Allumés vos fureurs pour punir ma fureur,
Vouldriez vous estre doux à la mesme rigueur ?
Faictes à ce seul coup voir toutes vos vengeances
Sur celle qui vous a faict tant et tant d'offences,
Affin que de l'horreur de mes cruelz tourments
Naisse quelque repos aux fideles amants.
Et toy enfant chenu, vertueux en ton vice,
Aveugle clair-voyant, juste en ton injustice,
Foible qui fais sentir les efforts de tes mains,
Affoiblissant les forts des dieux et des humains,

Puisqu'aujourdhuy vengeant la flamme mesprisée,
D'un double sang uny la terre est arrousée,
Au moins si quelque amour dure aprez le trespas,
Fais assembler aussi nos deux ames là bas.
Et toy, parfaict amant, oublie la vengeance
N'approche pas si tost du fleuve d'oubliance,
Attans, ne noye pas encore ton ardeur,
En fin la mort a peu allumer ma froideur,
Qui m'envoye bruslant d'une flamme immortelle
Faire un tour eternel en la nuict eternelle ».
Et lors celle qui n'eut nul amour en vivant,
S'est trouvée à la fin amoureuse en mourant.

FIN

RIMES TIERCES[g] [14] [6]

Helas beaux yeux je pensois vous fuyant[15]
Que mon tourment auroit quelque relasche,
Et il renaist tousjours plus violent[16].

Plus je vous fuys plus l'amour me poursuit[17]
Et la douleur de plus prez se ratache
Contre mon cœur, lors que plus il la fuit[h].

Loin de mon feu ma flamme me deffait,
Dans le[i] plaisir toute chose m'ennuye,
Mesmes sans vous ma vie me desplaist.

14 Forme empruntée à Dante qui l'utilisa pour la première fois dans la *Divina Commedia*. Voir Introduction, p. 32.

15 Ce poème comprend 26 tercets. La structure rimique, aba cbc dcd dcd efe, se distingue de la forme traditionnelle, aba bcb cdc ded. Il manque aussi le quatrain de clôture constitué par l'addition d'un vers solitaire.

16 vi-o-lent : diérèse.

17 Les topiques des contradictions pour dire l'errance amoureuse, la nature comme refuge de l'amant désespéré et comme témoin de ses souffrances sont des thèmes typiques de la poésie pétrarquiste.

J'ay voulu voir de nouvelles beautez !
Pensant qu'un mal par un autre s'enfuye,
Mais le malheur me suit de tous costez.

Car je sens lors croistre un desir nouveau
De vous vouer tant plus d'obeissance,
Qu'au prix de vous rien ne se voit de beau.

Je suis icy dans[j] ce lieu plein d'horreur[18],
Où vainement j'espere par l'absence
De vous pouvoir effacer de mon cœur,

Mais[k] j'ay tousjours devant moy ce bel œil,
Bel œil sans qui la clarté m'est obscure,
Et avec qui l'obscur m'est un soleil.

Depuis aussi[l] dans ces antres obscurs[19]
Tout retentist de ma triste adventure,
Et les rochers souspirent mes malheurs.

Las ! je ne sçay quel miserable sort
Faict que deux yeux presens en leur absence
Tiennent ma vie au gyron de la mort !

Là les cyprez, les pins, et les ormeaux [6vº]
Pourront un jour vous donner cognoissance,
Comme je meurs seul tesmoing de mes maux.

Là les lyons, les tigres, et les ours
En vous blasmant d'estre trop inhumaine
Vous rediront ma mort et mes amours.

---

18 Certaines de ces strophes auraient pu inspirer les Stances III du *Printemps* d'Aubigné. Voir vv. 16-33.

19 Ce poème met en scène la nature sauvage des Pyrénées et, en ce sens, pourrait être rapproché de « La Complainte aux eaux chaudes » et des « Sonnets des Morts, des Peines et des Larmes » (en particulier sonnets VI, VII et XVI).

Ceux cy par fois bruslez de mesme ardeur
Prennent pitié de ma cruelle peine,
Comme l'amour n'est jamais sans douceur.

Rien ne resonne autour de ces coutaux
Que le beau nom de celle qui me tue,
Nom qui se faict le murmure des eaux.

Pour estre icy banny dans ces deserts
Ne craignés pas de mourir incognue,
Je vous feray vivre en ces arbres verds.

Arbres qui vont s'eslevant dans les cieux
Sans craindre plus la foudre ny l'orage
Tant ce beau nom les rend audacieux[20].

Mais ils[m] mourront de ceste mesme ardeur
Dont vostre nom m'embraza[n] le courage
Lors que l'amour me l'escrivist au cœur.

Voila comment une fiere beauté
Faict que mon ame en ces desertz sauvages
Par les dangers cerche sa seureté.

Le jour ne peut lancer icy ses raiz,
Et si l'amour trouve mille passages
Pour se conduire en ces noires foretz,

Où il me paist[o] d'un triste souvenir
Entremeslé de souspirs et de larmes,
Pour empescher mon malheur de mourir.

Or[p] ce qui croit encore mon[q] malheur
C'est quand je vois au fort de mes alarmes
Mille oyseletz esteindre leur ardeur.

---

20 audaci-eux : diérèse.

Gentilz oyseaux trois et trois fois heureux, [7]
Qui par les monts, par les bois, par les plaines
Suivez tousjours la cause de vos feux,

Que nous vivons d'un sort bien different !
Vostre moitié accompaigne vos peines,
Et je suis seul avecques mon tourment.

Je n'ay icy de fideles amys
Que les souspirs et les justes complaintes,
Qui vont croissant au prix de mes ennuys.

Quand je me tais les rochers et les bois[r]
Parlent entre eux de mes dures atteintes,
Et quand je parle, ilz tremblent à ma voix.

Or puis que rien n'allege ma douleur,
Je vay[s] finir dans ces lieux solitaires
Par une mort ma vie et mon malheur.

Beaux yeux, j'irois mourir auprez de vous,
Sans m'arrester en ces tristes repaires,
Mais un bel œil rend le mourir trop doux.

* FIN *

*

CHANSON[21] [7v°]

Amoureux forcené plein d'horreur et de rage[22],
Quand pourray je jouir d'une eternelle nuict ?
Quand avecque la mort finiray je mon aage,
Eschapé de l'enfer où l'amour me conduict ?

Cependant pour fuyr du soleil la lumiere,
Aus antres les plus noirs je fairay mon sejour,
Quand la lune viendra pour franchir sa carriere,
Je me tiendray caché la nuict comme le jour.

Là, jamais le printemps prez de moy ne revienne
Verdissant pour jaunir les fruicts durant l'esté,
Mais en lieu de zephyrs, que la bize s'y tienne,
Y faisant un hyver qui ne soit limité.

Car je ne veux plus voir tant de couleurs diverses,
Annonces du plaisir de quelque vain espoir,
Mais pour les seuls tesmoings de mes dures traverses,
Je veux choisir la mort, la nuict, l'hyver, le noir[23].

FIN

21 Chanson composée de 4 quatrains aux rimes croisées abab. Sur la vogue poétique de la chanson dans les années 1570, voir Introduction, p. 28-29..

22 Avec son éventail de motifs macabres et son imaginaire nocturne, ce poème se situe dans la lignée du néo-pétrarquisme noir.

23 Le dernier vers évoque les thèmes développés dans chacune des strophes à la manière du sonnet rapporté pratiqué entre autres par Jodelle (*Amours de Diane*) et Sponde (*Sonnets de la Mort*). Sur ce mode de composition, voir Introduction, p. 28, n. 54.

Chanson de l'Espagnol

S'il vous desplaist d'estre servie
Ne vivant que pour vous servir
Vous serez en ce desplaisir
Tant que durera ma vie.

Permettez au moins que je crie
Puis que je ne vys qu'en tourment,
Ou pour vostre contentement
Ostez moy vistement la vie.

Car vous fachant d'estre servie [8]
Ne vivant que pour vous servir,
Vous serez en ce desplaisir
Autant que durera ma vie.

Si pour voir vostre fascherie
Je pouvois ne vous recercher,
Je vouldrois pour ne vous fascher
Ne vous recercher de ma vie.

Mais puisque vous serez servie
Tant que je pourray vous servir,
Vous serés en ce desplaisir
Tant que pourra durer ma vie.

FIN
***
**
*

ODELETTE[24]

[8v°]

Le bel air de ton visage
M'est plus que l'air gratieux[25],
Et le feu voisin des cieux
N'embrase pas d'advantage,
Que l'esclair de tes beaux yeux[26].

De mes deus yeux deux fontaines
Je verse une mer de pleurs,
Et mon cœur vuyde d'humeurs
N'est plus qu'un desert d'areines,
Centre de seiches froideurs.

L'air nourrisson de la flamme
Prend nourriture des eaux ;
La[t] terre donne aux ruisseaux
Le froid moitié de son ame,
Vivans tous en tout esgaux.

Si parfois contre nature
Le feu n'embraze que l'ær,
Soudain la terre et la mer
Avares de leur froidure
Les empeschent d'allumer[27].

Phyllize[28], nos maux sur terre
Ne se jettent point au sort ;
La vie de nostre mort

24 Ode anacréontique et donc au ton léger, similaire aux stances par sa structure strophique. Notons ici l'usage de la strophe hétérométrique, le quintil mêlant octosyllabes et heptasyllabes (8s 7s 7s 8s 7s) selon le schéma rimique abbab.

25 gra-ti-eux compte pour trois syllabes.

26 y-eux compte pour deux syllabes.

27 Pour les verbes en -er, on pouvait faire sonner le r, autrement souvent muet, lorsqu'il était placé à la fin du vers. Voir Thurot, 1883, t. 2, p. 153.

28 Nom en référence à la Phyllis des *Bucoliques* de Virgile (voir III, V, VII et X).

Se nourrist de nostre guerre,
Et la guerre du discord.

Mais ton ær avec mon onde,
Mon froid joinct à tes ardeurs,
Du cahos de nos malheurs
Peuvent faire un heureux monde
Au lien[u] de nos deus cœurs.

FIN

COMPLAINTE[29] [9]

Effroiables torrents[30] !
Aspres rochers ! montaignes orgueilleuses !
Hélas ! oyez de vos cavernes creuses
L'orgueil de mes tourments.

Ha ! torrent que ton cours
M'est ennuyeux ; tu ressembles ma peine
Ton pied leger monstre ma mort soudaine,
Ta longueur mes amours.

Vas tu bruyant si fort
Pour m'estonner, o frere du tonnerre,

---

29 Genre à la frontière du lyrisme (le chant funèbre ou *planctus*) et de la narration (le dit narratif des troubadours), la complainte est définie par Laudun d'Aigaliers comme une élégie ou une épître plaintive (*Art Poetique*, Livre II, ch. 14). Cette complainte exprime à l'aide d'apostrophes, d'exclamations et d'interrogations le désarroi de l'amant-poète. La nature à laquelle il s'adresse comme à celle qui lui renvoie l'image de sa souffrance, semble d'abord lui être hostile mais finit par lui apporter un certain réconfort, tout au moins les rochers, sur lesquels il grave le poème, gage de sa foi. D'une belle ampleur, ce poème se présente sous la forme de 15 quatrains hétérométriques alliant des vers de 6 et de 10 pieds selon le schème rimique abba. La rime a est toujours masculine.

30 Inspiré par la *disperata* italienne, le *locus terribilis* des montagnes hostiles, des torrents effrayants, des rochers sauvages est emblématique de l'amour malheureux.

Un doux parler m'a faict si rude guerre
Que tu braves un mort.

Cesse donc ce grand bruict,
Ton ocean te reçoit favorable,
Laisse la plainte à moy seul miserable,
Qui suis ce qui me fuit.

O l'importun grondeur !
Rochers amys ! ouvrez moy vos aureilles
Vous deulez vous ? nos douleurs sont pareilles
Pareille est nostre erreur.

Le soleil qui vous cuit
Brusle le jour vos testes sourcilleuses,
Et deux soleils de flammes amoureuses
M'embrazent jour et nuict.

Vostre esthomac est plein [9v°]
Du noir venin des bestes plus cruelles,
Je loge aussi de fureurs eternelles
Mille enfers dans le sein.

Vous pleurez vos malheurs
Par les tuyaux de vos claires fontaines,
Je fais helas d'une source de peines
Mille ruisseaux de pleurs.

Rochers que je vous pleins !
Ces monts, vos feux, et l'ame de mes flammes
Sement en l'ær la flamme de nos ames
Pour des nuages vains.

Ainsi suis je un rocher
Gisant aux pieds d'une montaigne fiere,
Qui reverdist aux pleurs de ma priere
Moins chere à son plus cher.

Montaignes vous pensez
Baiser le ciel de vos testes cornues,
Vous vous trompez ce ne sont que des nues
Pour qui vous me laissez.

Le ciel a les yeux beaux,
Mais qui jouist seule de la lumiere ?
Esperez vous d'une ame si legere
Que des desirs nouveaux,

Où avés vous les yeux
(Desdaing du ciel et l'orgueil de la pouldre)
L'hyver la nege, et en esté la fouldre
Sont caresses des cieux.

Mais que servent ces cris ? [10]
Vous estes sœurs de celle qui me tue,
Qui n'eut jamais d'aureilles ny de veue
Sinon à mon mespris.

Au moins permettez moy,
Rochers amys, de graver sur vos testes
Ces tristes vers qui monstrent que vous estes
Compaignons de ma foy.

FIN

CHANSON[31] [10v°]

Le premier dont le pinceau
Fit de l'amour un oyseau
En luy attachant des ailes
Ne devoit estre repris,
Pource qu'il n'avoit appris
Qu'à peindre des yrondelles.

Ou s'il savoit faire mieux
Qu'il n'apparoit à nos yeux,
Il ignoroit sa nature ;
Sinon par là qu'il voulust,
Affin qu'on ne le cognust
Nous desguizer sa figure[v].

Les ailes sont pour voler
De la terre parmy l'air,
Et de l'air jusques à l'onde ;
Mais l'aile ne sert au Dieu
Qui sans se partir d'un lieu
Remplist tousjours tout le monde.

S'il voloit si vistement,
Il auroit en un moment
Attaint ma fiere maistresse ;
Tant qu'il peut il la poursuit,
Lentement elle s'enfuit
Et se sauve de vitesse.

La plume porte l'oiseau [11]
Et rend leger le fardeau
Autrement insupportable ;
Mais l'amour est si pesant

31 Chanson composée de 6 strophes de 7 syllabes selon le schéma rimique aab ccb.

Qu'ores que petit enfant,
Peu s'en faut qu'il ne m'accable.

Puis je croire estre leger
Le mal qui me vient charger
De pesanteurs eternelles ?
Qu'on face que mon tourment
S'en aille legerement
Je diray[w] qu'il a des ailes.

Fin

CHANSON[x] [32] [11v°]

Pressé d'ennuys, affligé de douleurs[33],
Tout accablé de mortelles atteintes,
Je remplis tout de souspirs et de pleurs,
D'horribles cris et de griefves complaintes.

Les clairs ruisseaux qui souloyent s'arrester
Au seul recit des beautez de Madame
Hastent leurs[y] cours[z] lassez de m'escouter
Plaindre[aa] le[ab] feu qui embrase mon ame.

Les plus hauts monts demeurent estonnez ;
Je fay trembler les profondes valées,
Les arbrisseaux en sont importunez
Et avec moy pleurent mes destinées[ac].

Dans les deserts on ne voit que mes paz
Parmy ceux là des bestes plus cruelles,

32 Chanson composée de 9 quatrains de décasyllabes aux rimes croisées, où alternent les genres.

33 Les cris de souffrance, les lamentations désespérées de l'amant et l'image de la dame inaccessible à la pitié prévalent dans l'imaginaire du néo-pétrarquisme noir.

Dont je voudroys estre un jour le repaz
Pour ennuyer les ombres eternelles.

Je suys hay des lieux inhabitez
Et ennemy de la terre habitable,
De mes clameurs les Dieux sont irritez
Et aux enfers ma voix est effroyable.

Le feu s'accroist du vent de mes souspirs,
La mer grossist du fleuve de mes larmes,
L'Ær est troublé des sanglotz et des criz
Que je respandz en mes dures allarmes.

Les fiers lyons et les tigres cruelz [12]
Sont addoucys à la voix de mes plaintes,
Et d'hurlemens et criz continuelz
Font par les bois resonner[ad] mes complaintes.

Les oyseletz à force de m'ouyr
Ont à la fin oublié leur ramage,
Si qu'on les oit incessamment gemir
Plaignans l'horreur de ma cruelle rage.

Las ! tout me plainct en la terre et aux cieux
Tout a pitié de ma peine si dure ;
Tant seulement ce que j'ayme le mieux
Se va riant du tourment que j'endure.

Fin

STANCES[34] [12v°]

Pourquoy veux-je esperer d'esteindre mon ardeur[35] ?
Pourquoy veux-je allumer la glace de mon cœur ?
Si je ne peux brusler d'une flamme plus froide,
Sera-ce pour geler d'un froid plus moderé ?
Non, je sçay bien qu'au mal du tout desesperé
Rien n'est de si perdu que l'espoir du remede.

Les oz, les nerfz, le sang se peuvent reparer,
Les empires perduz se peuvent recouvrer,
L'honneur blessé revit par une mort cruelle,
Mais qui tient aux liens d'une divinité
Qu'il s'attende à la mort, non à la liberté,
Les effortz sont mortelz, d'une main immortelle.

Un object plus qu'humain vint premier à mes yeux,
Puis par ma fantasie entra victorieux
Au fort de ma raison où encor il domine,
Et contrainct comme il veut vouloir mes volontez
Heureuses de mourir aux mortelles beautez
Pour s'allumer au feu d'une flamme divine.

Bien que le plus parfaict de ses perfections
Eust banny de mon cœur toutes impressions
Pour n'avoir rien que luy peint en ma souvenance,
Si n'esperois je pas n'esperer qu'un espoir
Ne penser qu'un penser, ne vouloir qu'un vouloir,
Mais beaucoup de vertuz ont beaucoup de puissance.

Mes desirs qui souloyent s'embraser à tous feuz, [13]
Volleter vagabonds en mille et mille lieux,
S'acquerans chasque jour quelque flamme nouvelle,

34 Ces stances sont composées de 12 sixains d'alexandrins selon le schéma rimique aab ccb.

35 Les voluptés morbides de l'amant, le cœur-brasier, la prison d'amour sont typiques de la topique du néo-pétrarquisme noir.

Ne sont or'allumez que d'une seule ardeur,
Un brasier tousjours vif seul embrase mon cœur,
Et d'un feu eternel vient ma flamme eternelle.

Depuis toute beauté semble laide à mes yeux,
Ce qui m'estoit plus cher depuis m'est odieux,
Seulement je me plais en la vertu que j'ayme,
Encor' pour l'oublier la fuiz' incessamment ;
Mais son divin pourtraict gravé divinement
Ne se peut effacer qu'en fuyant de moy mesme.

Depuis j'oubliay tout pour un seul souvenir,
Depuis je quictay tout pour suyvre un seul desir
Sans qui de tout pouvoir mon ame est despourveue,
Je n'ay plus de discours que pour un seul subject,
Aveugle j'ay des yeux pour ne voir qu'un object,
Et sans luy je n'aurois ny parolle, ny veue.

Mais comment puis-je voir ce que je ne voy point ?
Comment suis-je si pres de ce qui m'est si loing ?
Peut-on estre present en une longue absence ?
Non, c'est quelque Demon le charmeur de mes sens
Qui presente à mes yeux ceux qui me sont absens,
Et m'absente de ceux qui sont en ma presence.

Or bien qu'ainsi charmé de motz ou de regards,
J'emplume mes pensers d'ailes de toutes parts
Pour s'envoler au ciel encor inaccessible,
Bien que mes passions sans crainte d'abysmer
Transportent à leur gré ma nef en haute mer,
Si n'aspiré je pas à pouvoir l'impossible.

Qui poussé du devoir, non de l'espoir du gaing, [13vº]
Embrasse vertueux un amoureux desseing
Que doux est son travail, douce son esperance !
Mais qui vise au plaisir pour seul but en aimant,
Cerche l'eau dans le feu, le repos au tourment ;
Hors de soy la vertu n'a point de recompense.

J'ayme comme obligé d'estre amoureux du bien,
Je sers pour m'acquiter non pour meriter rien,
Pour faire ce qu'on doit, faut-il quelque salaire ?
Ce m'est assez de voir qu'aymant comme je fais
Mon ame couve un feu de vertueux effaicts,
La vertu fuit le cœur de l'homme mercenaire.

Qu'on nomme cest Amour eternelle prison,
Blessure sans espoir d'aucune guarison,
Un feu qui ne s'esteinct, une peine infinie ;
Je fairay de liens[36] ma douce liberté,
De flamme ma froideur, de playe ma santé,
Et ce travail sera le repoz de ma vie.

FIN

STANCES[ae] [37] [14]

Si tu vois d'autant plus allumer mon ardeur
Que tu mets de glaçons au rempart de ton cœur,
Et que ton plus de froid rend ma flamme plus forte
Plains toy dequoy je vy, à ta fiere beauté,
Et pour haster ma mort double ta cruauté,
Tant que l'ennemy vit la guerre n'est pas morte.

Si je suis ennemy pour aymer ardemment,
Or que vous me tenez, tués moy vistement,
Mais ne le faictes pas, vous seriez trop humaine,
Et de peur qu'en ma mort vous consentiez mon heur
Soiés aigre à mon bien et doulce à mon malheur,
C'est plus de cruauté de differer la peine.

36 li-ens : diérèse.
37 Ces stances sont composées de 12 sixains d'alexandrins selon le schéma rimique aab ccb.

Puisque tu ne te plais qu'en mon seul desplaisir[38]
Voy comment je me meurs sans toutesfois mourir
Faisant mourir ma vie avant qu'elle soit morte,
Et voy que de ce mal j'en ayme la grandeur,
L'allegement aussi d'une extreme douleur
Est de n'en pouvoir pas espérer de plus forte.

Si cuidant soulager le fais de mes ennuys,
J'importune[af] le ciel de l'horreur de mes cris,
Croyez que d'un grief mal viennent des[ag] griefves plaintes.
Je crye et nul ne peut ma peyne consoler ;
Qui console l'amour le faict renouveler
Et le mal augmenté augmente les complaintes.

Lors que je suis glacé du vent de mille pleurs[ah],
Mon espoir naist nouveau de nouvelles chaleurs ;
Bien que l'homme craintif voit plustost le naufrage.
Or bien que quelque fois la peur m'ayt abbatu
Qui n'a tousjours du bon n'est pas tousjours vaincu,
À la fin des combatz se cognoist l'advantage.

De là vient que je suis tousjours environné [14v°]
De cent mille dangers, mais jamais estonné,
Le brave cœur ainsi s'enfle contre l'orage.
De là vient que je suis beaucoup moins abbatu
Quand de plus de malheurs je me voy combatu,
Car l'offence nous faict redoubler le courage.

Pour n'aimer rien que vous je consens à m'hair,
Ne vivant que pour vous vous me faictes mourir,
Noircissant[ai] le plus beau de vostre renommée,
Mais pour le seul desdain d'une humble volonté
Vous ne vous pensez pas tascher de cruauté,
Peu de feu toutesfois faict beaucoup de fumée.

---

38 Autre caractéristique de ce néo-pétrarquisme noir que cultive Constans : l'agonie de l'amant offerte en spectacle à la dame pour qu'elle puisse assouvir sa cruauté. Certaines de ces strophes auraient pu inspirer Aubigné lorsqu'il compose son Printemps (1570-1573), tout spécialement après sa rupture avec Diane Salviati.

Vous ne vous parez plus que de la gravité,
Mais si vous en voulez garder l'authorité
Ne taschez pas d'en faire un habit ordinaire.
Si se monstrer par trop engendre de[aj] mespris,
Ne se monstrer jamais cause des ennemis,
Se retirer du tout ne provient que de gloire.

Sy, je pense qu'un jour voyant mon amityé
Par fortune tu peux estre esmeue à pityé,
Et par fortune aussi[ak] m'octroyer un salaire ;
J'en pers l'espoir songeant à ta perfection,
Fortune ne peut rien sur la discretion
Car le discret ne faict rien qu'il ne pense faire.

Quelque fois je me plains d'aimer si follement,
Murmurant contre toy qui causes[al] mon tourment,
Puis revenant à moy soubdain je te r'adore,
Protestant de servir, sans jamais blasphemer[39],
Celuy ne doit aussi mesdire de la mer
Qui de necessité doit naviger encore.

Parfois je sens mes yeux s'esblouyr d'un espoir [15]
Qui se perd aussi tost qu'il s'estoit laissé voir,
Comme l'esclair qui rend la nuict plus tenebreuse,
Ainsi l'aise d'amour[am] s'en va si tost qu'il vient ;
Malheureux qui s'attend d'avoir jamais de bien
Tant que sa vie suit l'esperance douteuse.

Je brusle dans le feu d'où je pourrois sortir,
Mais moy mesme l'embraze au lieu de l'amortir,
Puis qu'il faut pour aymer se bannir de son aise,
Aussi je ne me plais parmy tant de travaux,
Que pour cognoistre bien que le mal de nos maux
Est de ne sçavoir pas supporter un malaise.

FIN

39 Sur la rime blasphemer / mer, voir *supra* n. 27.

STANCES
de l'apsence[an] [40]

Amants qui gemissez au fais de tant de peines,
Qui courés incertains à mille morts certaines
Pour vous lier au bien d'un lien eternel[41],
Si liez une fois le destin vous deslie,
Finissés vos malheurs finissans vostre vie,
Le mourir est si doux quand le vivre est cruel.

Le bandeau de la mort et celuy de l'absence
Sont deux divers effects d'une mesme puissance,
Dont l'un voile l'esprit, l'autre voile le corps.
Mais l'un cent fois le jour nous ravist la lumiere,
L'autre une seule fois nous ferme la paupiere,
O ! qu'une mort est douce au prix de mille morts.

Si l'esprit et le corps de nature contraires [15v°]
Sentent au desunir mille angoisses ameres
Mesmes au desunir d'une fois seulement,
Quelle mort ne sera plus douce que la vie
Où l'ame est si souvent de son ame banie,
Mille enfers sont trop doux au prix de ce tourment.

C'est le bien plus absent que le plus on desire,
Or le plus de desir donne plus de martire,
Et le plus long martire est toujours le plus fort,
Dont le vivre esloigné de l'ardeur de sa flamme
(comme un jour sans soleil, une vie sans ame)[ao]
Est une vie morte en une vive mort.

---

40 Ces stances sont similaires aux deux précédentes par leur forme.

41 Notons ici les jeux de sons pour soutenir le sens et l'effet d'un enchaînement virtuellement infini produit par le retour d'un même son [*lier*] sous différentes formes (infinitif, verbe conjugué, substantif).

Tout ce qui vist icy se plaist à quelque chose,
Rien ne plaist que le bien qu'un[ap] chacun se propose
Et le seul bien conduict à la perfection.
Le parfaict a son tout, le tout a jouissance,
Nul ne peut bien jouir privé de la presence,
Ne monstre pas l'absence une imperfection ?

Ce n'est pas ton orgueil, o ancien Androgyne[42],
C'est ta felicité qui causa ta ruine,
Ton bien ainsi present te rendoit trop heureux.
Aussi les dieux jaloux de tant de jouissance
Trancherent ton lien du couteau de l'absance,
Comme l'heur quelque fois rend l'homme malheureux.

J'estimerois heureus les malheurs de la vie
Si la clarté du bien n'estoit si tost ravie,
Ou si la fleur venoit quelque fois jusqu'au fruict.
Mais c'est du miel versé au fiel de nos miseres,
Affin qu'un peu de doux les rende plus ameres,
Comme l'esclair nous rend plus obscure la nuict.

Ce n'est pas pour avoir la nature immortelle [16]
Que la fœlicité des dieux est eternelle,
Ce n'est que pour jouyr du bien tousjours present.
O Dieux ! si vous sentiez les rigueurs de l'absence[aq],
Vostre immortalité seroit vostre souffrance
Qui seriés immortelz pour mourir plus souvent.

Les ruisseaux vont courans pour s'unir à leur source,
Le feu cerche le feu d'une invincible course,
Nature tire tout au centre de son bien.
Un seul cruel destin, le tyran de ma vie,

42 Voir le *Banquet* de Platon, 189d.193d, où le mythe de l'androgyne est relaté par le personnage d'Aristophane. Ce mythe représente l'unité originelle des principes masculin (*anêr*) et féminin (*gunê*), en somme la condition de l'humanité avant le châtiment divin. On le retrouve dans la Genèse (1 et 2) avec le couple adamique avant qu'Ève ne soit séparée de la côte d'Adam. Cette théorie des êtres primitifs permet de donner un sens aux comportements et émotions humaines qui autrement demeureraient incompréhensibles (*cf.* Brunel, 1988, p. 57-67). Aussi connut-elle une grande faveur à la Renaissance.

Traine mon ame au loing de mon ame ravie,
Tranchant d'un mesme coup mon heur et mon lien.

Si l'on fuyoit des rais comme on fuyt[ar] de la flamme,
Ou si fuiant du corps on s'esloignoit de l'ame,
J'amortirois l'ardeur qui me brusle le sang.
Mais plus je fay de pas, plus ma peine vient dure,
Et ma fuite ne sert qu'à croistre ma blessure,
Comme le cerf qui fuit la fleche dans le flanc.

Qui cuide que l'amour guerisse par l'absence
N'a pas senti l'ardeur d'une belle presence,
Ou brusle sans sçavoir la nature du feu.
Qui fuyt l'escorpion sa plaie r'envenime[43],
Et ce feu par le vent de la fuite s'anime
Le remede et le mal naissent en mesme lieu.

Les yeux perdans l'object de la beauté cognue
Le desir brusle aux rais de sa[as] flamme perdue,
Et son feu prend vigueur de cest esloignement.
O ! doux embrazement de ma flamme presente,
Si ta chaleur me nuict, ta clarté me contente,
Qui meurt dans le danger meurt honnorablement.

FIN

43 Référence au mythe d'Orion le chasseur. Quand il se vante de pouvoir chasser et éliminer tous les animaux, Artémis / Diane le fait tuer par un scorpion géant. C'est en fuyant qu'Orion est frappé par la queue empoisonnée du scorpion, et c'est pourquoi la constellation d'Orion s'enfuit au moment où la constellation de Scorpion apparaît. Aratos de Soles, *Phaenomena*, l. 368 – 383.

STANCES[44]

[16v°]

Amants ne cerchés plus l'astre de la naissance[45],
Ne craignés plus du ciel la sinistre influence
Ni l'aspect malheureux d'un Saturne[46] irrité.
Tout ce qu'avoient de mal, d'orage, et de tempeste
Les astres et les cieux fut vomy sur ma teste,
Finissant leur venin à ma nativité.

Amants ne croyez plus la fortune inconstante,
Ne craignés plus le cours de sa roue mouvante
Ny le fuyant arrest de son siege roulant.
Au poinct de mes malheurs sa roue est attachée,
Et au roch de mes maux[47] sa plante tient fichée,
Vous ne la verrés plus subjecte au changement.

Amants ne fuyez plus le vieil manoir des ombres[48],
Ne craignés plus l'horreur de leurs demeures sombres,
Ny des cruelles Sœurs[49] le tourment inhumain.
Les maux, la mort, les feus, les fureurs et les peines
N'ont plus d'autre logis que le creux de mes veines,
Et n'y a plus d'enfer ailleurs que dans mon seing.

Vous donq' qui n'estes nays, vous qui estes au monde,
Et vous qui devalés dans la fosse profonde,
Naissés, vivés, mourés sans plus craindre les Dieux,
Puisque ma dame peut prendre ceste vengeance

---

44 Cette pièce comprend 4 sixains d'alexandrins selon le schéma rimique aab ccb.

45 L'amant au sort malheureux est une constante de la *disperata*.

46 Saturne, dieu et planète de la colère.

47 Cette image appelle celle de Prométhée attaché à un rocher sur le mont Caucase, son foie dévoré par un aigle (Hésiode, *Théogonie*, 507-616 ; Apollodore, *Bibliothèque*, I, 7).

48 Périphrase qui désigne l'enfer.

49 Autre périphrase pour désigner les Parques, divinités romaines maîtresses de la destinée humaine, voir Virgile, *Énéide*, I, 22.

De verser sur la mort, la vie, et la naissance,
Le malheur des enfers, de fortune, et des Cieux.

FIN

STANCES[at] [50] [17]

Mes yeux que cerchiés vous aus beaux yeux de Madame[51] ?
Pensiés[au] vous amortir l'ardeur de vostre flamme ?
Vous l'embraziés[av] [52] cruels au lieu de l'arrouzer.
Non ! ce n'est pas à eux que vous deviez vous pleindre,
Jamais le feu de feu ne se sçauroit esteindre,
Et ses yeux ne sont nays[aw] que pour vous embrazer.

Mes mains, estoys je libre en mille et mille chaines
De ce poil, long[ax] lien de mes plus longues peines ?
Où cerchiés vous ses[ay] mains pour vous en deslier ?
Comme la belle mort[az] ne donne que la vie
Et la prison ne rend la belle ame[ba] asservie,
Ses belles libres mains[bb] ne peuvent que lier.

Mon ame, de noz maux innocemment coulpable,
Or digne de pitié pour estre pitoyable,
De vous mesme ennemye en vous voulant aimer.
Vous n'eustes pour des sourdz que trop claire l'ouye,
Ce beau discours qui tue en promettant la vie
Naissoit d'une ame née icy[bc] pour vous charmer.

Mon cœur en fin pleignant mes yeux, mes mains, mon ame[bd]
Vint à l'ame, et aux yeux, et aux mains de madame,

---

50 Autres stances composées de 4 sixains d'alexandrins selon le schéma rimique aab ccb.

51 Variations sur la thématique pétrarquiste des pièges d'amour : les yeux comme flammes qui embrasent, les mains assimilées aux cheveux-liens qui enlacent, voire emprisonnent le cœur et l'âme qui telle la voix enchante.

52 L'œil est le siège de l'amour naissant.

Pour me tirer du feu[be], du charme, et des liens[53].
Mais lors l'œil, et la main, et l'ame de mes peines
Luy mirent et le feu[bf], et le charme, et les chaines,
M'ostant le cœur, et l'ame, et les yeux, et les mains.

FIN

STANCES [17v°]

Contre les femmes[bg] [54]

Il n'y a qu'un amour comme un soleil au monde
D'où s'anime le ciel, la terre, l'air et l'onde,
Il n'y a qu'un archer, qu'un arc, que mesmes traicts.
Que si tout ne guerist d'une mesme blessure
Ce sont divers subjects de diverse nature
Qui font de mesme cause ainsi divers effects.

Amour glace un[bh] au cœur, et brusle l'autre en l'ame[55],
L'un vist de son ardeur, l'autre meurt de sa flamme,
Cueillants d'un mesme tronc tant de fruicts differents.
Le sauvage et le franc ont bien la mesme escorce,

53 Sur la technique de la *rapportatio* utilisée généralément dans les sonnets rapportés par les poètes du dernier tiers du XVIe siècle, voir Introduction, n. 54.

54 Composée de 12 sixains d'alexandrins, rimant aab ccb, cette pièce connut une certaine faveur à l'époque. Dès 1599, elle parut dans diverses anthologies et suscita même plusieurs réponses dont celle de Françoys Auzière, « Stances pour les femmes », reproduite dans ce manuscrit et une pièce restée anonyme, « Response et defense des femmes contre les filles », publiée dans A.M. Nerveze, *L'Académie des modernes poetes françois* (Paris, Brueil, 1599, f. 95r°), elle-même suivie d'une « Response des filles aux femmes », anonyme également (f. 98r°) (voir Droz 1962, p. 41-42). La base de ces observations pourrait être la pathologie humorale d'origine hippocratique et galénique, selon laquelle l'humeur chaude et sèche prédomine pendant la jeunesse, tandis que l'âge adulte se caractérise par l'augmentation de l'humeur froide et humide. Elle pourrait s'inspirer aussi de la veine antipétrarquiste qui connut une certaine faveur jusque dans les années 1630. Voir à titre d'exemple les *Contr'Amours* de Jodelle ou encore l'*Hécatombe* et le *Printemps* d'Aubigné. *Cf.* Mathieu-Castellani, 1978, p. 3-18.

55 Cette image de la dame froide et cruelle et celle de l'amoureux transi aurait pu inspirer celle de l'*Hécatombe à Diane* d'Aubigné.

Et la femme et la fille ont bien la mesme amorce,
Mais diverses humeurs[bi] font divers payements.

Qu'amour soit tout divin en toute sa nature
Celuy l'est tousjours plus dont la[bj] flamme est plus pure,
Comme[bk] le bien reçoit du bien accroissement.
La fille en tout son feu a son ardeur entiere,
Et la femme la perd en sa[bl] flamme premiere
D'où vient que moins de feu[bm] brusle plus froydement.

Si les premiers soleils ont eu plus de puissance
Quand les fruicts premiers nayz eurent plus de substance,
Et les hommes vivoyent tant de centaines d'ans.
Les premieres amours sont les plus naturelles,
Comme les premiers feus ont les[bn] flammes plus belles,
Mais las ! tout s'affoiblist par l'usage et le temps.

L'ær est amy du feu, et la mer de la terre
L'amour ayme la paix, et la hayne la guerre,
L'homme seul malheureux fuyt la[bo] felicité.
Hors de la fille il cherche une parfaicte flamme
Qui finist son ardeur[bp], commençant d'estre femme,
Si tost vefve d'amour que de virginité[bq].

Amour est un enfant vierge dès sa naissance[br], [18]
À qui plaist seulement la virginale enfance,
Delices cousteumiers du lieu de son sejour.
Mais que sert le rozier de la roze[bs] flestrie,
La cendre est le tesmoing d'une[bt] flamme ammortie[56],
Et la femme tesmoigne un jadis feu d'amour[bu].

L'Amour le plus nayf a moingz de couverture,
Son enfance n'a point de deffaut de nature,
Les secondes amours sont subjectes au fard.
La flamme de la fille est toute naturelle,

56 Notons ici les images du feu (flamme, cendre) désignant non seulement les différentes phases de la passion mais aussi les différents âges de l'existence humaine (fille, femme), le feu étant à la fois le commencement et la fin de tout.

Qui esteincte une fois ne renaist plus si belle,
Au moings si la nature est plus belle que l'art.

N'estimés donques plus[bv] les femmes inhumaines,
Ne donnés plus qu'à vous la cause de vos peines
Qui semez sur le roch l'esperance du fruict.
Ce qui n'a point d'amour ne le peut jamais rendre[bw],
Si vous estes perduz soubs espoir de les prendre
Vous en avez le gain[bx] qu'une perte produict.

Toute perte est tousjours pour l'honneur desirable,
Le mort par le dangier devient[by] plus honnorable,
Mais les faicts plus communs acquierent moins d'honneur[bz].
Le brave cœur ne met son but[ca] qu'à l'impossible,
Où la femme vaincue est encores vincible[cb],
Voyez si cest amour est marque de valeur.

Le chemin moins frayé apporte plus de gloire,
L'honneur renaist nouveau de nouvelle victoire[cc],
Et le premier triomphe est au premier vainqueur.
Le premier repoussé est encor excusable,
Mais qui meurt d'un vaincu, meurt du tout miserable,
Le sage fuit tousjours le danger sans honneur[cd].

Les filles n'ayment poinct, où l'amour est parfaicte[ce], [18v°]
Que si tous n'ont tousjours l'attendue conqueste[cf],
C'est assez grand honneur d'entreprendre premier.
Où la femme en aymant[cg] n'ayme plus qu'en partie,
Et souvent on ne l'a ny toute ny demie,
C'est du bien à demy, et du mal tout entier.

Autant comme le tout est plus que la partie,
Autant comme l'honneur est plus que l'infamie,
Autant que l'artifice est loing du naturel,
Autant comme la cendre est moindre que la flamme,
La flamme de la fille est plus que de la femme,
D'autant que le divin est plus que le mortel.

FIN

STANCES[57] [19]

Quand l'automne ennuyeux d'une bruslante haleine
Descouvre les forestz et desseiche la plaine,
Les seuls chastes lauriers[58] demeurent tousjours verdz,
Et quelque changement qu'ameine la fortune
Ma seule affection demeure tousjours une
Sans craindre ni l'esté ny le froid des yvers.

Lors que le ciel armé d'une main foudroyante
Esbranle l'univers, à sa voix effroyante,
Les seuls chastes lauriers demeurent asseurez.
Et quand le monde entier tremble de sa ruine
Ma foy a dans les cieux prins si vive racine,
Qu'elle s'asseure lors que tous sont estonnez.

Quand pour sçavoir le cours de quelque destinée
Toute porte du vray nous a esté fermée,
Les seuls chastes lauriers disoyent la verité,
Et quand tous les amans mentiroyent de leur flamme,
On ne verra jamais le tableau de mon ame
Enrichy des couleurs d'aucune fausseté.

Mais quand le verd laurier changeroit de feuillage,
Quand les Cieux despitez le battroyent de l'orage,
Ou qu'il seroit mangé d'un prophete menteur,
Mon amitié pourtant ne sera tousjours qu'une
Sans craindre les assaux du ciel ny de fortune,
Et jamais rien de faux n'entrera dans mon cœur.

Fin

57 Ce morceau se compose de 4 sixains d'alexandrins, rimant aab ccb.

58 Avec le renvoi, « Les seuls chastes lauriers », le vers 3 de chaque strophe constitue une sorte de refrain et montre le lien qui s'établit dans la dernière partie du XVIe siècle entre les stances et les chansons. Miriam Speyer note ce phénomène tout particulièrement dans les recueils de poésies collectifs tels que les *Diverses poesies nouvelles*, Rouen, Raphaël du Petit-Val, 1597. Voir Speyer, 2017, p. 38-39.

RESPONCE aux stances qui ont precedé[59] : *vers pour vers*[ch] faicte par celuy qui a transcrit cest'œuvre[60] STANCES

[19v°]

Pour les femmes

Autant y a d'amours comme d'esprits au monde,
Le ciel en est tout plein, la terre, l'air, et l'onde ;
Il y a tant d'archets, tant d'arcs, et tant de traictz.
Ainsi l'un est frappé de mortelle blessure,
L'autre ne porte pas une peine si dure,
Car de divers amours divers sont les effaictz.

Un amour est glacé, mais l'autre brusle l'ame,
L'autre cache son feu, l'autre faict voir sa flamme,
De troncs ainsi divers les fruicts sont differents.
Le sauvage et le franc ont bien la mesme escorce,
Et la femme et la fille ont bien la mesme amorce,
Mais la femme conçoit les desirs plus ardents.

Qu'amour soit tout divin en toute sa nature
Celuy l'est tousjours plus dont la flamme est plus pure,
Plus pure est ceste là qu'on esprouve souvent.
La fille en tout son feu a son ardeur volage,
La femme la retient aprez un mariage,
Un nauthonnier expert cognoist bien mieux le vent.

Si les fruicts premiers nez ont eu plus de substance
C'estoit non le soleil, mais de Dieu l'ordonnance

---

59 Cette « Responce » de 12 sixains aurait-elle été suggérée par les *Paradossi* d'Ortensio Lando, publié à Venise en 1543 et traduit en français par Charles Estienne en 1543 ? Les humanistes se plaisent beaucoup à l'époque au développement des thèses contraires qui est à l'origine du paradoxe. Ronsard goûta cette mode comme l'a montré Henri Weber (Weber, 1989). Sur cette mode à la Renaissance, voir entre autres Davies, 1982.

60 Françoys Auzière de Montpellier.

Qui faisoit vivre ainsi les hommes longuement.
Tousjours l'amour premiere est la moins asseurée,
Les flammes nous voyons n'avoir point de durée,
Il n'est que le brazier qui brusle vivement.

L'eymant aime le fer d'un amour [*sic*] naturelle, [20]
Des brutes animaux le masle sa femelle,
L'homme seul malheureux ignore son grand bien.
Quoy ? en la fille il cherche une parfaicte flamme ?
Tout tend au plus parfaict, la fille devient femme,
La femme garde mieux ce qui est desja sien.

Amour, terrible enfant, vieillard dèz sa naissance,
Qui (excepté le nom) ne tient rien de l'enfance,
Aveugle faict la guerre aux jeunes et aux vieux.
Il n'est que de flairer la rose espanouïe,
L'odeur dans le bouton est encor'amortie,
La fille est ce bouton avare de son mieux.

L'amour le plus nayf a moins de couverture,
Celle le couvre moins qui cognoist sa nature,
Les premieres amours ne sont que des essayz.
La flamme de la fille est tousjours incertaine,
Le plaisir n'est jamais qu'aprez beaucoup de peine,
Du conseil redoublé s'attend plus de succez.

Amants, n'estimez plus les filles inhumaines,
Ne donnez plus qu'à vous la cause de vos peines
Qui tendez vostre voile à un vent si doubteux.
L'amour si mal fondé nul bien ne vous apporte,
Ce qui naist trop soudain perist de mesme sorte,
Ne vous plaignez qu'à vous si vous estes deceus.

Toute perte est tousjours pour l'honneur desirable,
La mort par le danger devient plus honnorable,
Les faictz plus malaisez acquierent plus d'honneur.
La breche reparée est difficile à prendre,

La femme cognoist mieux comm'il se faut defendre
Combattre un plus expert c'est marque de valeur.

Le chemin non frayé nous trouble la memoire, [20vº]
L'honneur est redoublé par seconde victoire
Et le plus beau triomphe est au dernier vainqueur.
Il y a du hazard ès premieres batailles,
Celuy qui se renforce, il faut que tu l'assailles,
Contre un fort ennemy se[ci] monstre le bon cœur.

La fille ne sçait point que c'est d'amour parfaicte,
Surmonter l'ignorant, ce n'est pas grand' conqueste,
Plus d'esprit est requiz contre ceux du mestier.
Ou la femme en aymant ayme aveques science,
De son bien vous avès la prompte experience,
Si c'est mal, il faict bon n'estre pas le premier.

Autant que le sçavoir l'ignorance surpasse,
Comme l'or esprouvé vaut trop mieux que sa crasse,
Autant comme le mont est plus haut que le val,
Comm'on doit preferer l'utile à l'inutille
L'amitié de la femme est plus que de la fille,
D'autant que le grand bien est plus que le grand mal.

FIN DES STANCES

Filles, pardonnez moy si des femmes la flamme
Je prefere à la vostre, et ne m'en donnez blasme,
D'autant qu'en ce procez je fay force à la loy,
Advocat obstiné contre ce que j'en croy.
Bien, vous me pardonnez, aussi toutes vos flammes
Tendent à ce seul but que vous deveniez femmes.

F. A.[cj]

SONNETS [21]

Des morts, des peines, et des larmes : SONNET[61]

Les deux divers effects de deux diverses ames[62]
Sont tous deux differens tirez de mesmes traicts
Où soubz un seul pourtraict, deux se treuvent pourtraicts,
L'un comme estant le feu, et l'autre estant les flammes.

Le pourtraict est de morts, de peines, et de larmes
(Coustumier paiement des amants plus parfaicts)
Où vous estes la cause, et j'en suis les effaicts,
Divers en passions, mais au pourtraict de mesmes.

De vous viennent les morts, les peines, et les pleurs,
Et je suis seul qui pleure, et qui peine, et qui meurs
Pour voz peines, voz pleurs, et voz morts inhumaines.

Mais sans changer les Pleurs, les Peines, ny la Mort,
La mort mettra les pleurs et les peines d'accord
Si tu fais ta pitié, mort des pleurs et des peines.

[21v°] feuille blanche

SONNET [22]

Dieux que vous ay je faict, est ce pour me punir
Que me faictes aymer une telle deesse ?

61 Hormis deux ou trois exceptions que nous signalerons, ces sonnets et ceux qui suivent sont en alexandrins selon le schéma marotique ccd eed.

62 Exemple de sonnet rapporté enrichi de différents jeux d'écho (allitérations, assonances et reprise de mots sous différentes formes).

Retirez, o bons Dieux, votre main vengeresse
Et me faictes aymer où je puis parvenir.

On dist qu'il ne me faut pourtant pas retenir,
Qu'un berger a bien eu Diane pour maistresse[63],
Que ce jeune archerot aveuglé[64] qui nous blesse
Peut aussi tost les Dieux que les hommes ferir.

Tout cela se[ck] dist bien, mais pourtant je n'espere
Que madame ait jamais pitié de ma misere,
Son vol est trop hautain pour devaler sibas.

Mais puis qu'il ne se peut faire que je l'oublie,
Faictes Dieux qu'elle sache au moins aprez ma vie
Comme sa cruauté m'a conduict au trespas.

SONNET[65]

Pourquoy, injuste amour, desdaignes tu mes plaintes ?
Pourquoy desdaignes tu d'escouter mes regretz ?
Est-ce pour me laisser mourir dedans les retz
De la fiere qui rit de mes dures atteintes.

Je l'ayme, et tu sçais bien si mes amours sont feintes,
Je la porte en mon cœur percé de mille traictz,
Elle qui faict honneur d'enfraindre tes decretz,
Se moquant de tes loix amoureusement sainctes.

---

63 Allusion à la légende de Diane-Séléné et d'Endymion relatée entre autres par Apollodore (*Bibliothèque* 1.7.5). Séléné, déesse de la lune, avait demandé à Zeus de plonger son amant dans un sommeil éternel afin de préserver sa beauté. Sur les origines et la fortune de ce mythe à la Renaissance, voir Agapiou, 2005.

64 Cupidon figure parfois les yeux bandés comme sur le tableau du *Printemps* de Botticelli pour suggérer que l'amour est aveugle et qu'il ne perçoit pas les défauts de l'objet aimé. Selon Cédric Huwé, ce Cupidon n'appartiendrait pas à l'art plastique de l'Antiquité, mais à la littérature ancienne. Voir Huwé, 2017, p. 56.

65 C'est le seul sonnet selon la disposition de Peletier : ccdede.

Or puis que le pardon qu'on donne aux mal faisants
Est une injure à ceux qui sont obeissants,
Fay luy souffrir pour moy les maux que j'ay pour elle.

Fay que son cœur d'eimant arde d'un mesme feu,
L'inviolable loy de ta nature est telle,
Qu'il te fault estre juste, ou cesser d'estre Dieu.

SONNET

[22v°]

Amour m'a ramené hors des monts sans danger,
M'a garenty des ours, et des grands precipices,
Du peril des torrents et de mille artifices
Que brassent les larrons au pauvre passager.

Amour m'a retiré d'un noir et laid rocher
Non pour recompenser mes fideles services,
Mais pour me reserver aux cruelz sacrifices[66],
Où il immole ceux dont il se veut vanger.

Encor m'a il gardé ce Dieu plein de furie,
Que mille fois depuis je n'ay finé ma vie,
Pour me faire languir perpetuellement.

Comme un vilain bourreau veille pour la deffense
Du pauvre condamné, affin qu'on ne l'offense,
Lors qu'il le veut garder à plus cruel tourment.

66 Le motif sacrificiel lié à celui de l'amant idole et victime expiatoire est une constante de l'érotique du néo-pétrarquisme et se retrouve chez Aubigné (*Hécatombe à Diane*, sonnets 96 et 97).

SONNET

Helas, grand Dieu d'amour, si quelque fois les Dieux[67]
Recognoissent le bien et punissent l'offense
En t'armant[cl] pour venger la desobeissance,
Au moingz à tes amis monstre toy gratieux !

Que sont tant de souspirs et tant d'eau de mes yeux
Si ce ne sont tesmoingz de mon obeissance ;
Las ! celle qui me tue, est celle qui t'offence
Et tu n'es qu'à moy seul tousjours trop rigoureux.

Mais je voy bien que c'est ; Je loge dans mon ame
Celle qui fait honneur du desdaing de ta flamme,
Et mon cœur luy nourrist l'orgueil qui l'entretient[68].

Ainsi c'est à bon droict que tu me fais la guerre,
Comme on met quelque fois une maison par terre
Seulement pour avoir l'ennemy qui la tient.

SONNET[cm] [23]

Quand par les creux rochers et les bois plus espais,
Je mesprise des ours et la force et la rage,
La grandeur du danger m'agrandist le courage
Pour m'opposer cruel à leurs cruels effaicts.

Las ! qui descharge un autre accablé de son fais ?
Qui cerche à garentir ses voisins de l'orage,
Peu soigneus seulement de son propre dommage ?
Qui faict la guerre à ceux qui le laissent en paix ?

---

67 Comparer à Aubigné, *Hécatombe à Diane*, sonnet 48.

68 Exemple de rimes grammaticales, le simple (*tient*) rimant avec le composé (*entretient*).

J'occis l'ours qui ne[cn] nuit qu'aux desers Pyrennées,
Et nourris les fureurs pour moy seul animées
Perdant pour trop aimer[co] et la vie et l'honneur.

Mais c'est que vous tenés en moy si noble place
Que pour vous faire mal il faut que je m'en face,
Qui pourroit consentir à s'arracher le cœur[69] ?

SONNET[tp]

Ces monts sont si hautains qu'ilz n'ont point de semblables,
Mon amour n'eust jamais de pareil en grandeur ;
Ces monts couvrent leur feu d'une extreme froideur,
Et ma glace nourrist des[cq] flammes incroyables.

D'eternelle blancheur[70] ces monts sont admirables,
La foy de mon amour estonne la rigueur ;
Ces monts pauvres dehors ont la richesse au cœur,
Et mon amour ne gist qu'aux pensers immuables.

Ces monts semblent aimer tant seulement les Cieux,
Mon amour n'ayme rien qui n'approche des dieux ;
Et ces rochs leur appuy font ta beauté divine.

Mais las ! puisque des dieux les foudroyantes mains
Les battent si souvent pour estre trop hautains,
Doibs je rien esperer qu'une grande ruine ?

69 Sur le spectacle du cœur arraché, présenté au regard de la femme mortifère, voir le sonnet suivant « Qui vit jamais pleurer une personne morte ? » et Aubigné, *Hécatombe à Diane*, sonnets 49 et 50. Sur l'érotisation de la mort et les liens entre Éros et Thanatos dans la poésie amoureuse baroque de la fin du XVIe siècle, voir Closson, 2000, p. 408-412.

70 Sur ce motif de la blancheur qui évoque la pureté mais aussi la froideur, la rigueur de l'hiver et donc l'inaccessibilité de la dame, comparer avec les sonnets dits « blanc » de l'*Hécamtombe à Diane*, *cf.* sonnets 25, 41, 42, 43, etc. Gisèle Mathieu-Castellani, 1978, p. 7, examine cette ambivalence du blanc dans l'*Hécatombe à Diane*, le bon blanc désignant, selon elle, la pureté et l'innocence, tandis que le mauvais blanc serait le signe du vice, de la cruauté et du goût du mal.

SONNET [23v°]

Qui vit jamais pleurer une personne morte ?
Qui a veu vivre un corps separé de son cœur[71] ?
Et toutesfois je vys et pleure le malheur
Qui sans sortir de moy hors de moy me transporte.

Mais si je n'ay mon cœur, où est ce que je porte
Tant d'espris gemissans au fais d'une rigueur ?
Où loge ce pourtraict du vray de mon vainqueur
Qui tousjours plus present rend ma douleur plus forte ?

Que si je l'ay encor, que ne suis je vivant
Sans pleurs et sans souspirs comme j'estoy devant ?
Ou si je ne l'ay plus, qui me donne la vie ?

Madame cest amour qui a si bien empraint
Dans moy vostre pourtraict, que la mort qui vous craint
Me laisse vivre affin que vous soyez servie.

SONNET

Vouloir[72] donner la mort et n'avoir point de vie,
Prisonnier et vaincu vouloir estre vainqueur,
Vouloir estre vaillant et n'avoir point de cœur,
Sont mes effectz de toy, ma cruelle ennemie.

---

71 Sur l'image du corps séparé du cœur, comparer à Aubigné, *Hécatombe à Diane*, sonnets 49 et 50 (v. 1-4) : « Quand du sort inhumain les tenailles flambantes / Du milieu de mon corps tirent cruellement / Mon cœur qui bat encor' et pousse obstinément / Abandonnant le corps, ses pleintes impuissantes… » (Aubigné, 1969, p. 259).

72 La répétition, d'une part, du verbe *vouloir* (v. 1-2-3) qui implique le dépassement auquel contraint l'amour pour mériter la dame et, d'autre part, de tournures négatives exprimant le manque et la privation (*n'avoir point de vie*, *n'avoir point de cœur* [v. 1 et 4] ; *sans vie, et sans victoire* [v. 14]) concrétise le déchirement de l'amant devant le sentiment de son indignité.

Que ma vie seroit heureusement ravie,
Je ferois de mes fers le tout de mon bonheur
Et la perte du cœur comble de mon honneur,
8 Si tu les retenois pour en estre servie.

Or mon cœur ne pouvant servir à mes amys
Rend le moy pour m'ayder nuyre à mes ennemis,
11 Et d'une brave mort me bastir une gloire.

Mais non ? ne le rendz pas, car s'il estoit blessé
Ton pourtraict comme moy y seroit offensé,
14 J'ayme mieux estre serf, sans vie, et sans victoire.

SONNET[73] [24]

Si les souspirs te pouvoyent esmouvoir,
Si ton aigreur s'adoucissoit de larmes,
Et si l'amour prenoit d'amour ses charmes
4 De ma douleur je t'eusse veu douloir.

Mais souspirer, pleurer, et bien vouloir
(Les seuls moyens du mespriz de mes flammes)
Ne m'ont servy que d'infideles armes,
8 T'endurcissant au bien de mon espoir.

La hayne ainsi venant d'amitié saincte
On peut haïr ou n'aymer que par feincte,
11 Le feu glacé, d'eau se peut allumer.

Mais j'ayme mieux me contentant moy mesmes
T'aymer tousjours, encor que tu ne m'aymes,
14 Que d'estre aymé sans te pouvoir aymer.

---

73 Sonnet en décasyllabes.

SONNET

Je me perdz pour trouver ma liberté perdue,
Et si je cognois bien celle qui la detient,
Je la veux accuser, mais elle me previent
Couvrant son gain cognu d'une perte incognue.

Je suis le plus blessé, ma playe est plus cognue
Mais pour doubler mon mal, ma maistresse se plaint
Que si j'avois trouvé la perte qu'elle feinct,
J'aurois par ma prison ma liberté receue.

Maistresse s'il est vray nous n'aurons rien perdu,
N'estant nay que pour vous je vous seray rendu,
Et la captivité sera vostre franchise.

La prison d'un amy est vraye liberté,
La franchise ennemie est la captivité,
Si je suis vostre amy, craignés vous d'estre prise ?

SONNET [24v°]

Tous les cieux despitez au jour de ma naissance[74]
Verserent sur mon chef une mer de malheurs ;
La terre ne produict ny d'herbes ny de fleurs,
D'où ma triste langueur puisse attandre allegeance.

L'amour me faict craintif redoubler sa puissance
Transissant mes esprits d'eternelles froideurs ;

74 Ce topos du désespoir de l'amant infortuné est un des thèmes de prédilection de la *disperata*.

La fortune bruslant d'accroistre mes douleurs[cr]
Ne me donna jamais un jour d'esjouissance.

Mais mon cruel destin, ny mon mal endurcy,
Mon froid, ny mon enfer ne causent mon soucy,
De toy seule me vient le mal qui m'importune.

Et lors que tu voudras estre de mon costé,
J'estimeray douceur toute la cruauté
De la terre, du ciel, d'amour, et de fortune.

SONNET

Amour, si ton palais est là haut dans les Cieux
Pourquoy fais tu ça bas en moy ta demeurance ?
Comment, filz de Venus, mere de la clemence
Es tu cruel bourreau et tigre furieux ?

Si tu vys de nectar comme les autres Dieux,
Pourquoy viens tu cercher dans mes os ta substance ?
Si l'Ambrosie estainct ta soif à suffizance
Que fais tu de mon sang et de l'eau de mes yeux.

O ! digne d'un enfer, ô ! filz d'une tigresse,
Vys tu à l'appetit de ma fiere maistresse,
Qui machine ta mort en me faisant souffrir.

Ne voys tu que mon sang subject à pourriture
Rendra ton immortel de mortelle nature,
Et qu'en cherchant ma mort tu cherches à mourir.

SONNET [25]

Maistresse or que les ans et les jours sont muables
Si ne trouve je point de change en bien aymant,
Et quand l'amour seroit subject au changement
Les desseins mieux bastis sont les moins variables.

Voila pourquoy les miens sont tousjours perdurables
En mon cœur où la foy leur sert de fondement,
La vertu de soustien et l'honneur d'ornement,
Pilliers qui par le temps ne sont point perissables.

On pourra plustost voir les ans estre sans cours,
Les saisons sans les mois, les mois estre sans jours.
Qu'aymant comme cela je trompe ce que j'ayme.

Mon cœur soustient ma foy, et ma foy mon honneur,
Vous trompant je meurtris l'honneur, la foy, le cœur;
Vouldrois j'estre estimé le meurtrier de moymesme?

SONNET

Au plus froid des hyvers qu'on ne voit rien que glace
Je jouys d'un printemps par les rays de tes yeux,
Qui font naistre en mon cœur les pensers gratieux
Les desirs et l'espoir du doux fruict de ta grace.

Mais dès qu'un fier destin m'esloigne de ta face,
Au millieu de l'Esté un automne ennuyeux
Transforme mes pensers en chagrin soucieux,
Et faict qu'en lieu d'espoir le desespoir prend place.

Or donc ainsi pouvant eschanger les saisons,
Et d'un traict de tes yeux dissoudre les glaçons,
Fay de mon noir hyver un printemps d'esperance.

Puis t'approchant du tout ameine moy l'esté,
Et me fay moissonneur des fruicts de ta beauté,
Affin que mon espoir produise jouïssance.

SONNET

[25v°]

J'ay couru par les monts cercher ma demeurance,
Dans les hautes forestz au millieu des Lions,
Par les rochers couverts de neige et de glaçons,
Cuydant de tes rigueurs perdre la souvenance.

Mais ce qui doit guerir souventeffois offence,
Es Lyons j'ay cognu tes cruelles façons,
Les rochs de ta durté[75] m'ont faict mille leçons,
Et la hauteur des montz monstre ton arrogance.

Les sapins m'ont faict voir ton port brave et hautain,
Les coutaux blanchissans le marbre de ton sein,
Et les aspres glaçons ta froideur inhumaine.

Ainsi mon mal cruel ne cessant pour fuyr,
J'aime mieux m'approcher affin de ne languir,
Puis que du coup de prez la mort est plus soudaine.

75 Cette image du cœur-rocher, symbole de l'insensibilité de la dame, se trouve déjà dans les *Amours de Diane* de Desportes, voir I, sonnet 9, v. 5 ou encore II, sonnet 68, v. 7.

SONNET

Amour ha divers noms pour sa diversité :
Ores on le faict Dieu regardant sa puissance,
Or'nature, cuidant qu'il nous donne naissance,
4 Or'on le faict esprit pour sa subtilité.

Mais Dieu n'a rien plus cher que garder equité,
Nature conduict tout d'une esgale ordonnance.
L'esprit est excellent en sa perseverance,
8 Et l'amour n'ayme droict, ordre, ny gravité.

Il punist l'innocent, soulageant le coulpable,
Rien que confusion ne luy est agreable,
11 Constant au changement de nature et de lieu.

Si que pour bien nommer ceste passion folle,
On l'appelera monstre, ou phantosme, ou Idolle,
14 Sans offenser l'esprit, la nature, ny Dieu.

SONNET[76] [26]

Qui me dira dequoy peut estre faict
Le reth d'amour, où tant de gens se prennent ?
Et s'il y a tant de temps comme ils tiennent
4 Qu'il est tendu, comment n'est il deffaict ?

Dequel metal seront l'arc et le traict,
Que les armez et les desarmez craignent ?

76 Autre sonnet en décasyllabes.

Qui sçait d'où l'or, le plomb, et le fer viennent,
D'où sont armez les traicts dont il meffaict ?

S'il est petit, et tousjours en enfance,
Vaincra il bien des geans la puissance ?
Et s'il ne voit, comment peut il viser ?

S'il a tousjours en une main les flammes,
En l'autre l'arc dont il blesse les ames,
Comment peut il tousjours tendre et tirer ?

SONNET

Maistresse t'ayant veue un jour toute esplorée
Pensant estre au couvert de tes brillans regards,
Je ne craignois rien moins que les feus de tes dards
Cuidant par tant de pleurs leur flamme estre estouffée.

Mais j'ay esté trompé, car l'ardeur allumée
Soubz ceste humidité me brusle en mille parts,
J'ay cent mille fourneaux par mes veines espars
Dont ce brazier mouillé tient mon ame embrasée.

Las que fairay je donq' pour esteindre un tel feu,
De recourir à l'eau il se tient au millieu,
Et puis qu'il vient du froid quel froid le peut estaindre ?

Maistresse, seulement ardans de mesme ardeur
Assemblons nos deux feus, le chaud viendra froideur,
Car ce que l'un accroist l'autre peut faire moindre.

[26v°] feuille blanche

SONNET CONTRE LE LAURIER [27]

J'ayme le gay printems pour l'attente du fruict,
Et le verd qui promet en esté jouyssance ;
Mais je hay du laurier l'eternelle esperance[77],
Pour son malheureux verd qui jamais ne jaunist.

J'en voy tousjours parer celle qui m'a destruict
Pour tousjours triompher de mon obeissance ;
(Qui ayme le tesmoing de sa foible puissance
Favorise l'honneur que sa honte bastist.)

Le bruict qu'il faict au feu en hayne de la flamme
Le tesmoigne ennemy du brazier de nostre ame[78],
Aussy fut il laurier par faute d'amitié.

Jugez donc si je doibs aymer ceste parure,
De qui et la couleur, l'usage, et la nature
Ne promettent qu'espoir de servir sans pitié.

[27v°] feuille blanche

---

77 Le laurier est lié au symbolisme de l'immortalité puisqu'il demeure toujours vert, même en hiver.

78 Dans « Le sacrifice magique » de Théocrite (*Idylles bucoliques*, 2, 23 et *sq.*), Simaitha, abandonnée par Delphis, brûle du laurier qui, en brûlant, devrait faire brûler d'amour Delphis, comme lui-même fit brûler d'amour le cœur de Simaitha.

SONET [28]

La formys que l'hyver desnue de plumage[79]
Vit seure dans le creux de son mesnagement,
Et celle qui l'esté s'en vole follement
Change en cruelle mort un gratieux servage.

Ainsi mon cœur (exempt de perte et de dommage
Tant que luy mesme fut son seul contentement)
Emplumé d'un desir de voler hautement
A veu naistre sa fin luy naissant le courage.

La formys seulement differe de mon cœur
En ce qu'un oiselet luy cause son malheur,
Et je meurs par la main d'un aigle redoutable.

Mais ce mesme malheur me rend moins malheureux,
Si l'aigle est plus cruel, il est plus genereux;
Et la mort est plus douce, estant plus honnorable.

SONET[ts]

Celle qui se desplait en pleine liberté
Et veut tomber d'heureuse en malheureuse vie,
Ou changer son repoz en cruelle manie,
Croit que les hommes ont quelque fidelité[80].

Les hommes dont le cœur n'est que desloyauté,
La parolle que fard, l'ame que tromperie,

79 Ésope, « La cigale et la fourmi ».
80 Ce poème fait le procès des hommes en reprenant les arguments traditionnels des détracteurs du sexe féminin (*cf.* « Contre les femmes » [17v°]).

L'esprit moins arresté que la mer en furie,
Ou le tendre arbrisseau de tous vents agité.

Vray est que pour fuyr le blasme d'inconstance
Ilz peuvent alleguer ceste perseverance,
D'estre tousjours legers, desloyaux, et menteurs.

Dames, si vous voulez tousjours vivre trompées,
Fiez vous seulement et croyez d'estre aymées ;
Ceste foy vous rendra au comble des malheurs.

Sonnet, je te voulois[ct] de couleur noire escrire, FIN
Qui donq te faict rougir ? La honte de mesdire[cu].

[28v°] feuille blanche

RESPONCE d'un autre autheur [29]
POUR LE LAURIER
SONNET

Je ne suis[cv] du printemps, ny de son verd, content,
Mais j'ayme du Laurier l'immuable esperance ;
Tousjours d'un moindre bien la prompte jouyssance
Nous devons preferer au plus grand qu'on attent.

Le chappeau de Laurier que ma maistresse prent
C'est le couronnement de mon obeyssance ;
(Celle qui veut ainsi tesmoigner ma vaillance
Favorise l'honneur que ma peine pretend.)

Et bien, s'il faict au feu en bruyant resistence[81]
Nous devons estimer sa loyale constance,
Aussi fut il changé pour fuyr changement.

81 Attribut mythologique du laurier : on brûle du laurier afin de prévoir l'avenir. Si le laurier fait beaucoup de bruit en brûlant, c'est un bon présage. Le contraire en serait un mauvais. Voir « Daphnomancie » (divination par le laurier), in Collin de Plancy, 1863, p. 199.

Jugez donc si je dois hayr ceste parure,
De qui et la couleur, l'usage, et la nature
Asseurent mon espoir de servir loyaulment.

FIN A[cw]

[29v°] – [30v°] feuilles blanches

COMPLAINTE [31]
Aux eaux chaudes des Monts Pyrenées[82] :
STANZE[83]

I.

Que mon mal malheureux mal et malheur excede[84] !
Les sources ruisselant aux autres le remede
Me sont fer et poison.
Donc la santé d'autruy m'estant noire cigue
Il faut que du venin ou du fer qui les tue
Naisse ma guerison.

II.

Ruisseaux si vous couvez la flamme dans vos ames
Que ne desseichez vous de l'ame de voz flammes

82 Constans composa ce poème de 126 vers en 1567 alors qu'il demeurait à la cour de Navarre et que Jeanne d'Albret séjournait dans la station balnéaire des Eaux Chaudes, près de Laruns dans les Basses-Pyrénées. Henri Weber jadis l'attribua à Soffrey de Calignon à cause des initiales S.C. ou S.D.C. par lesquelles celui-ci signait certaines de ses compositions (Aubigné, 1960). Or on trouve ces mêmes initiales dans certains recueils collectifs où elles renvoient à Constans.

83 Ces stances comprennent 21 sizains hétérométriques faits d'alexandrins et de septasyllabes selon le schéma métrique 12s 12s 6s 12s 12s 6s et le schéma rimique aabccb.

84 La nature sauvage, voire effrayante, avec ses cimes couvertes de neige, ses bois épais, ses antres et ses grottes, ses grands torrents, ses chemins dangereux et ses bêtes féroces est mise ici en parallèle tantôt avec le cœur d'airain de la dame tantôt avec les tourments de l'amant. La démesure du paysage, son aspect sauvage et souvent effrayant, les animaux féroces dont les monts pyrénéens sont peuplés, les tempêtes déchaînées qui s'y produisent constituent autant de motifs qu'on associe à cette poésie gasconne et au baroque français du XVIIe siècle. Voir Droz 1962, p. 49-55.

La source de mes pleurs ?
Ou si vous ne trainez que des ondes humides
Pourquoy n'estaignez vous dans mes veines arides
Mon feu de voz froideurs ?

III.

O' effects trop cognus de causes incognues
Non vous ne bruslez point des flammes retenues
Aux cendres de l'enfer.
Vos feus sont nos souspirs et vos ondes nos peines
Comme le sel, les feus, et les froides fontaines
Les larmes de la mer.

IIII. [31v°]

Mais ses souspirs salez sont separez des larmes
Qui froides seulement meurtrieres de nos flammes
Nourrissent la froideur,
Où les feux amoureus que les amans souspirent
Allument ses ruisseaux qui tiedement distillent
Et la glace et l'ardeur.

V.

O' flots que mon œil pleure et que mon flanc alume
Qui consumez l'humeur qui aux autres consume
Et les yeux et le flanc.
Pour moy tant seulement changez vous de nature ?
Non, mais vous ne pouvez estre de ma blessure
Et l'emplastre et le sang.

VI.

Amants qui distillez en vos humides flammes
Aux fourneaux de rigueur goute à goute vos ames
Ne plores plus vos pleurs.
La terre les reçoit qui d'une main amye
Vous rend icy dequoy vous ralumer la vie
Au feu de mes douleurs.

VII.

Or ne refusez point ces sources secourables
À vos feux espuisez pour les fronts effroiables
De ces monts sourcilleux.
C'est le grand cabinet où l'on voit les ymages
Du doux et de l'amer, du calme et des orages
Des pauvres amoureux.

VIII.

Si quelque autre que moy pouvoit bastir en terre
Des desseings qui plus forts des efforts du tonnerre
N'ont sommet que les cieux.
Je prendrois ces hauts monts pour une belle image[85], [32]
De ceux qui devant moy auroyent eu le courage
De brusler pour les Dieux.

IX.

Ma Philize en voyant pleurer tant de fontaines
De l'estroict entredeux de ces roches haultaines
Plore ton serviteur,
Qui goutte à goutte ainsi distille sa substance
Pressé de la durté de sa perseverance
Et du roch de ton cœur.

X.

Ces neiges contre qui le soleil perd sa force
Et de qui la blancheur à l'obscur se renforce
Sont ma fidelité.
Qui se conserve belle aux raiz de la presence
Et au plus tenebreux du gouffre de l'absence
Redouble sa clarté.

XI.

Les superbes coupeaux de ces roches cornues
Herissent dans le ciel leurs perruques toffues

85 Ici et dans les vers 61-66, la nature perd temporairement son aspect sinistre, symbolique de l'âpreté de la souffrance de l'amant, pour souligner la hardiesse de l'entreprise amoureuse, semée qu'elle est de mille obstacles avant que l'amant ne puisse atteindre son but.

De funebres Cyprez[86].
Ainsi que la rigueur de ma si haulte[cx] entreprise
Fournist pour me briser d'un bois qui ne se brise
La mort d'arc et de trez.

XII.

Ces monts ont telle fois le soleil au visage
Que le reste demeure en l'obscur d'un nuage
Mouillé de son manteau.
Comme soubz le riz feinct de ma feinte liesse
Mon cœur se noye aux pleurs d'une vraie tristesse,
Soy mesmes son bourreau.

XIII. [32v°]

Ceux qui soubz le front laid de ces coutaux steriles
S'enterrent, butinants les entrailles fertiles
D'or, d'argent et d'airain
Monstrent le bel amour dans les belles pensées
Et non dans les tortiz des perruques frisées
Dont l'ame est le beau tein.

XIIII.

De ces courbés valons les recourbés ombraiges
Sifflent hurlans tousjours les venimeuses rages
Des Serpens et des Ours
Qui fierement mortelz ne font rien que les ombres
Des morts, des feus, des fers, des maux et des encombres,
Qu'engendrent mes amours.

XV.

Or bien que tout cecy ne soit qu'une peincture
Mes pleurs ont conservé la bouillante nature
De mes humides feux
Qui s'enfuyans de moy puis qu'il faut que je meure
Choysissent pour le moins le lieu de leur demeure
Qui me ressemble mieux.

86 Le cyprès symbolise la vie éternelle; c'est pourquoi on en plante à côté des tombeaux. Le bois de certains types de cyprès sert à construire des arcs forts et durables.

XVI.

Donq qui laissans la mort prenez icy la vie
Qui prenans la santé laissez la maladie
Heureux de mes malheurs,
Si sans flamme et sans pleurs ma santé ne peut vivre
C'est ma vie en mes pleurs qui saine vous delivre
De mortelles douleurs.

XVII.

O'heureuses douleurs de mes morts bienheureuses
Puisque de tant de maux mes playes amoureuses
Ruissellent la santé.
Mais heureuses sept fois si leur humide flamme
Peut guarir une fois de cruauté Ma dame
Ou moy de loyauté.

XVIII. [33]

O cruelles sueurs de mes cruelles peines
Ne distillerez vous de ces roches haultaines
Que cruelle rigueur ?
Mais peut un Alambic d'orgueil, de froid, de rage,
De mort, de cruautez, de tempeste et d'orage
Distiller la douceur ?

XIX.

Que doi je faire donc sans humeur et sans flamme ?
Doi je laisser mon sang glacé geler mon ame
Et mon ame mon corps ?
Ou si je me rallume en ses nouvelles larmes
Me doy je reforger d'autres nouvelles armes,
Pour de nouvelles morts ?

XX.

Mais las ! aprez le coup de la fleiche meurtriere
Comment pourrai je voir ou servir la lumiere
De ma vive beauté.
Que si je suis un Dieu libre de son service,

Helas quel paradis ne me sera supplice,
Quel jour obscurité ?

XXI.

Fuyez donques poisons, fuyez lames mortelles
Je veux renouveller en ses larmes nouvelles
Ma vie et mes douleurs.
Et tant que mon malheur sera l'heur de Madame
Je ne veux plus avoir la poictrine qu'en flamme
Ni la face qu'en pleurs.

FIN[87].

[33v°] feuille blanche

STANCES[cy] [34]

Le soleil qui voit tout ne voit rien d'animé
Qui du divin brazier de desirs allumé
N'ayme à suivre le bien et ne s'en laisse suivre.
Bien pour qui seulemant chascun ayme le Jour,
Il suit donques la mort qui veult fuir l'Amour,
Car vivre et n'aymer pas, c'est n'aymer pas à vivre.

Les Dieux ont deux flambeaux pour animer nos corpz[88],
L'un qui meut seulement, nous separe des mortz ;
L'aultre qui meut au bien qu'il esclaire luy mesme.
Le ciel donne à chascun du premier de ces feux,
De l'aultre, tous les Dieux ont chargé l'un d'entr'eux
Pour r'allumer l'Amour que ceux que le ciel ayme.

87 Fin, apparemment, de la transcription initiale de poèmes dans l'album préparé par Françoys Auzière pour les noces de Louise de Coligny. Les poèmes qui suivent sont d'écritures différentes. La date de leur transcription n'est pas indiquée.

88 Le flambeau de la vie, et le flambeau de l'Amour, porté par Éros.

Non le brave volleur de ce beau feu divin[89]
N'est pas si mal traitté pour son beau larrecin,
Aussi ne meurt Il pas qui deroba la vye ;
Mais c'est qu'il emporta le vivre seulemant
Laissant au feu d'Amour le vivre heureusemant
Et ne nous anima que d'une ame demye.

Ny la force ny l'art ne surprennent les Dieux.
Ilz consentoient[cz] au vol s'il l'eust sceu faire mieux ;
Mais il se contanta de la flamme d'enfance.
Car nous sommes enfans devant les seconds feux,
Or ces dieux nous ont faitz devant qu'estre cogneuz,
Et qui vit sans amour Il vit sans cognoissance.

Vray est que les Amours sont aveugles enfans,
Enfans qui de tousjours delaissent aux amans,
La crainte et le soupçon des plus vieilles années.
Aveugles, qui nous ont mesmes donné leurs yeux,
Car, pour voir dans les ceurs Il fault voir comme Dieux,
Et les yeux des amans penetrent les pensées.

Comme l'Aigle au soleil monte[da], ses aiglerons [34v°]
Gardant, qui fixement regarde les rayons
Et jette pour bastard qui ferme la paupiere[90],
Dans les flammes d'amour le Ciel esprouve ceux
Qui ont soy[db] le ceur ou lasche ou genereux,
L'homme est au feu d'Amour une aigle à la lumyere.

L'enfant qui enfanta et la terre et les Cieux[91],
Ce grand pere commun des hommes et des Dieux

---

89 Prométhée, voleur du feu sacré des Dieux. Pour le punir, Zeus le fait attacher sur le mont Caucase ; chaque jour un aigle vient lui dévorer le foie, qui repousse sans cesse. Ce supplice dure sans espoir de délivrance, même par la mort.

90 Mythe largement accepté jusqu'au 18e siècle. Il remonte à Aristote. Dans *Des animaux* (Liv. IX, ch. XXIII.2), il est dit que l'aigle force ses petits à regarder fixement le soleil sans ciller et rejette ceux dont les yeux ne peuvent pas en supporter l'éclat. Sur la riche symbolique de l'aigle, voir Chevalier et Gheerbrant, 1969, p. 12-16.

91 L'aigle dont il est question dans la strophe précédente est souvent associé à Zeus (Jupiter) et au Christ évoqués ici.

Obligea les enfans au naturel des peres.
Madame, c'est depuis que les Dieux ayment tous,
Vous estes ma Deesse, helas, que n'aymez vous,
Ayant la loy du pere et l'exemple des freres.

Non, non, votre grandeur n'aslordit pas les lois
L'amour est la vertu des princes et des Roix,
Les plus grandes ardeurs sont aux plus grandes flammes,
La grandeur ne se tient[dc] qu'aux ceurs plus genereux.
Et les plus braves ceurs sont les plus amoureux,
La plus belle vertu veult les plus belles ames.

Madame vous lairrez comme les aultres Dieux
Et le foudre et la mort du ciel de vos beaux yeux.
Mais l'œil du basilic[92] nous reduit bien en poudre
Il est vray que les Dieux nous peuvent ranimer
Comme font vos beaux yeux, si vous voulez aymer,
Sinon vos yeux ne sont que venin[dd] et que foudre.

Dans les temples noirciz au feu de vos autelz
On lit de quelle ardeur brulent les Immortelz,
Qui mesmes non aymez ayment d'amour extreme.
Or si suivre les Dieux est estre bien heureux,
Et les Dieux sont tousjours mieus aymez qu'amoureux,
O bienheureux amans, et malheureux qui n'ayme !

Madame hastez vous, on n'est trop tost heureux [35]
Les jeunes ans s'en vont et l'amour fuit les vieux
Quant pensez vous aymer, puis qu'on ne peut revivre[93] !
Tant que vous n'aymez point, vous estes bien ça bas,
Au nombre des vivans, mais vous ne vivrez pas,
Mourir avant qu'aymer est mourir avant vivre.

---

92 Reptile fabuleux dont le seul regard était supposé avoir le pouvoir de tuer. Très courant dans la poésie amoureuse du XVIe siècle, c'est l'emblème du regard de la dame qui, lorsqu'il se porte sur l'amant, agit sur lui comme un coup mortel. Voir Maurice Scève, *Delie*, 2004 : « Mon Basilique avec sa poignant' veue / Perçant Corps, Cœur, et Raison despourveue » (dizain I, voir aussi XVI).

93 Souvenir d'Horace (« Carpe diem quam minimum credula postero », *Odes*, Liv. I, 11, À Leuconoë) et de Ronsard qui montre une prédilection pour les thèmes du *tempus fugit* et du *carpe diem*.

Amour, je t'ouvre aussi les portes de mon ceur,
La resistance accroist la gloire du vainqueur,
Et rien que tes desirs ne borne ta puissance.
Non, non ta deité ne donne point d'ennuis,
Là où logent les Dieux, n'est ce pas paradis !
Ta presence est mon bien, et mon mal ton absence.

[Du Tasse] SONNET[de] [94] [35vº]

$ C[df] $[dg]
$ $
$

La fortune m'effray, me descochoit en vain
Les traits des mesdisants et les dards de l'envie.
Foible je desdaignois toutte force ennemye
Comme l'Ame innocente a mille murs d'airain.

Quand celle qui logeoit toutte dedans mon sein
Seul Asyle asseuré de mon ame assaillie,
La garde de mon cœur s'arma contre ma vie
Ciel et tu l'as peu voir et luy tenir la main ?

Foy sainte, ô Amour saint, saintes lois mesprisées,
Ha ! Je quitte le champ quand parmy ses trophées
Elle entasse mon cœur trahy ausi ques[dh] vous.

Trahy, las ! j'ayme encor son desloyal courage ?
Non ! non c'est l'outrageant que tu plains non l'outrage
Les faultes d'ung Amy blessent plus que ses coups.

94 On pourrait imaginer, comme le fait van Hamel (van Hamel, 1903 p. 241 et n. 1) que ce poème ait été composé par Le Tasse à l'occasion de sa visite, en 1570, à la cour de France. Il semblerait plutôt qu'il s'agisse là d'une assez médiocre imitation d'un de ses sonnets.

$ C $
$ $
$

Fin

STANCES[di] [36]

L'homme est né bienheureux lequel est arresté
Asservy de l'amour d'une exquise beauté
Et dont les passions d'un beau lieu sont causées.
Il doit louer le Dieu qui le rend amoureus,
Celuy porte à bon droit le nom de bienheureus
Qui sous un beau sujet esclave ses pensées.

Dieu ce grand imager qui de ses saintes mains
Forma de sa façon le premier des humains
Et qui tousjours depuis en fait durer l'engeance
A voulu que les corps des femmes mieus formés
Soient d'un plus bel esprit d'ordinaire animés
Comme mieus ressamblans à sa divine essence.

Il vault mieus mille fois endurer des douleurs,
Suporter patient, des peines, des rigueurs,
Enchaisné sous le joug d'une personne belle,
Qu'aimer plus laidement exempt de passion
Sans peine et sans soucy. C'est prou d'afliction
Alors qu'une laideur domine la Cervelle.

Me die qui voudra que quant l'affection
Dans son cœur genereus a pris possession
L'on ne peut trouver laid la personne honorée.
Je croi que quelque tans on peut ainsi aimer
Mais au premier ennuy qu'on vient à s'animer
De cet obscur bandeau la veue est desvoilée.

Mais celuy là qui a favori de Cipris
Dessus un beau sujet arrestez ses espris
Bien que mille desdains troublent sa fantasie.
Le seul ressouvenir de l'esclair de ses yeus
Doit faire que jamais il reste soucieus
L'Amour de la beauté dure toute la vie.

Stances

[36vº]

Mais pourquoy veus je ainsy trouver de la rigueur
Avecques la beauté : c'est cercher la froideur
Dans un brasier ardant. Ce que rigueur nous semble
C'est l'esclair seulement de la divinité
Qui estonne les sens de nostre humanité
Plus grande est la beauté plus divine elle semble.

Aussy tost que je vy vostre visaige beau
Qui peut rendre obscurcy le celeste flambeau,
Je di que vous estiez obligée à nature.
Mais depuis remarquant que les perfections
N'abandonnent jamais vos belles actions
Je la dis redevable à vous sa creature.

Ainsi le bon ouvrier qui pour avoir du Los
Ne laisse nullement son esprit en repos
Travaille curieus à quelque bel ouvraige,
Qui étant achevé paye de son labeur
Le maistre qui l'a fait luy causant de l'honneur
L'Amour est du travail un tresbel avantaige.

Dès ce jour bienheureus que j'avise vos yeus
Mais plustost astres clairs le chef d'œuvre des Cieux
Mon cœur me delaissa et plus ne vous delaisse.
Ce que j'ay eu depuis de Jour et de Clarté

Ç'a esté des rayons de vostre grant beauté
Heureus qu'un tel soleil esclaire ma Jeunesse.

Les mariniers batus par les vens Impiteus
Aprochans de la mort abandonnent les veus
Pour choisir dans le ciel pour guide quelque estoille.
        Mais parmi tous les flos de vos perfections
Assailly des efforts de mille passions
Vous serés L'astre saint qui guidera ma voile.

STANSES [37]

Les humains naissent tous heureus ou malheureus
Contrains de L'Astre haut qui domine sur eus
Qui selon son humeur fait balancer leur vie.
        Mais de moy je n'atens plaisir ou deplaisir
Que celuy seulement que vous voudrez choisir
Mon heur et mon malheur suit vostre fantasie.

Comme vous ressemblez à la divinité
En esprit, en vertu, en grace et en beauté
Veillez y ressembler aussi de la clemence.
        Si je faus quelquefois excusez mes erreurs.
Les mortels sont tousjours de naissance pecheurs
Et le propre des dieus est pardonner l'ofense.

Si vous servant je faus Ce ne sera par foy ;
Homme n'en eut jamais de plus ferme que moy.
Le mal que je feray sera par Ignorance ;
        A celuy qui ne fait un mal deliberé
Il faut un chastiment beaucoup plus moderé.
L'homme est bien chastié d'une grant repentance.

DIALOGUE[95] [37v°]

Volusian[96]

Ma douce Calliope[97] hé ne t'éloigne pas,
Ores je veux chanter dessus mon luth d'ivoire
Un sujet dont la mort ne peut tirer victoire
La vertu ne craint point un debile trépas.
Ce n'est de chevaliers, d'amours ne de combas
Que je veus à nos filz laisser une memoire
Mais bien d'une deesse et l'amour et la gloire
De celles que l'on voit vivre en ce monde bas.

Callioppe

Tu as, Volusian, ce que tu veus de moy
J'acompaigne ton luth, tes vers je favorise.
De grace di moy donc quelle est ton entreprise
Autrement je ne puis aux accens donner loy
Pour louer hautement il fault avoir dequoy,
Est elle vertueuse autant que tu la prise ?
Souvant l'affection nous force et nous maistrise.
Si je te fay plaisir, je veux savoir pourquoy.

Volusian

Et sa race et son nom sont gravez dans les Cieus
Pour avoir triomphé cent mille fois du vice,
Continuant encor un si brave exercice,
Elle estonne l'envie et tous les envieux
Cest Achille-Nestor[98] aux meschans odieus

95 Fait de huitains en alexandrins, rimant abbaabba, ce dialogue célébrant Louise de Coligny est l'une des pièces les plus personnelles de la deuxième série de poèmes.

96 Peut-être s'agit-il du poète Nicolas Volussien, ami d'Aubigné, dont il est question dans le *Printemps*, *Odes*, XIII, (1969), p. 302-307.

97 Muse de l'éloquence et de la poésie épique.

98 Dans l'Odyssée, le sage Nestor donne des conseils au guerrier Achille.

La collonne eslevée et le hault frontispice
Des heros Chastillons fut son pere propice.
La palme ne produit qu'un fruit victorieux.

Calliope [38]

Comment ! De Colligny son nom elle a donc pris
Tige de tant de Mars, l'appuy du saint Parnasse,
Un Odet[99] fut son oncle à qui je fey la grace
Qu'en honneur et vertu il emporta le pris.
Ronsard, ce grand Ronsard de nous le mieus apris,
Remplit ce que la mer de terre ferme embrasse
Du loz de leur valeur[100], o genereuse race,
Tu as tousjours aimé tous les meilleurs espris.

Volusian

Ma chere Calliope, Il ne fault seullement
Monstrer la verité comme un ver toute nue
Il la fault desbrouiller de l'obscur d'une nue,
La fin est toujours plus que le commancement.
Quant Louyse nasquit dessous le firmament
À grant peine elle avoit cette lumiere veue
Que de rang tour à tour en vos bras fut tenue.
Benissant mille fois son bel entendement.

Calliope

Mettre dessous l'oubly un effet qui soit bon
Aux grands et aux petis cela est à reprendre.
Je sçay bien que Minerve en sa jeunesse tendre
De tout ce qu'elle avoit luy feit un riche don.
Son estomac poly savoura d'Helicon
L'eau qui fait tout soudain toutes vertus aprendre

99 Le Cardinal Odet de Chastillon, frère de l'amiral, mort le 21 mars 1571.

100 Ronsard dédia en effet plusieurs pièces à la famille Coligny-Chastillon. À Odet de Coligny, plus connu sous le nom de Cardinal de Chastillon, qui était son protecteur, il adressa ses *Hymnes* et trois poèmes, « L'Hymne de l'Hercule chrestien », « Le Temple de Messeigneurs le Connestable, et des Chastillons » et la « Prière à la fortune ».

Et qui contre le temps mesme la peult deffendre,
Rendant par ce moyen immortel son renom.

Volusian [38v°]

Tout ce qui est de beau en ce grand univers
Ne se voit tout d'un coup des yeux de tout le monde
Et plus nous recherchons la nature feconde
Et plus nous admirons ses beaux secrets divers.
Ainsy en la chantant moymesme je me pers
Par le nombre infiny des graces qu'elle abonde,
Tant seullement le miel de sa langue faconde
Est un digne sujet pour employer mes vers.

Calliope

D'autant que l'or excede et surmonte l'airin
Le brillant dyamant, la pierre contrefaitte,
Le vaincueur, le vaincu apres une defaitte,
Et ce qui est divin tout ce qui est humain,
Aussi la grant beauté de son esprit hautain
Et celle que nature a sur son front portraitte
Pour estre l'une et l'auttre une chose parfaitte
Passe tout ce qui est au teatre mondain.

Volusian

Puis que je ne puis pas atteindre à tel degré
Et au sommet heureux de sa rare louange
Ma bonne volonté je laisse pour eschange
Avec un franc desir à son nom consacré.

FIN

CHANSON [39]

Quant vostre œil et votre face
Seront éloignez d'icy,
La court pourra dire ainsy
Où est mon lustre et ma grace ?

Où est la fleur des princesses
La vertu, l'honnesteté,
L'honneur et la chasteté
Et du printems les richesses.

La perte n'est point congneue
Du tresor que cher l'on tient
Sinon alors que l'on vient
Le ravir de nostre veue.

Vous qui portez dedans l'ame
Et dessus le front empraint
Un penser pudique et saint
Une ardeur et sainte flame.

Jettez au ciel le visaige
Et vos larmes contre bas
Et venez baiser les pas
De cette princesse saige.

Le liz, l'œillet et les rozes
Où el' marche, vont naissant
Mais un regret va croissant
Dedans nos poitrines closes.

À Dieu, Vierge qui redore
Nostre siecle tout noircy
À Dieu, Soleil esclaircy
Que le firmament adore.

CHANSON

[39v°]

Nostre dommaige s'engendre
De sa joye et de son gain
De son partement soudain
Un long ennuy nous vient prendre.

La paix nous est une guerre
Et ce printemps un yver[101]
Puis que tu nous veux priver
Du bon heur qui nous enserre.

Au lieu que les perles rondes
Et les feuz des gros rubis
Et les diamans polis
Chargeront tes tresses blondes.

Nous aurons un deuil extreme
Qui desja nous vient saisir
Et n'aurons d'autre plaisir
Que de penser en vous mesme.

À Dieu Vierge qui redore
Nostre siecle tout noircy,
À Dieu soleil esclaircy
Que le firmamant adore.

FIN

---

101 Sur la rime yver / priver, voir *supra* n. 27 et 39.

Mayson fleur[dj] [102] [40]

Le soleil qui fait son sejour[103]
Dedans les hauts cieux n'a que faire
De se monstrer sans qu'il esclaire[dk]
Vos yeux esclairent un beau jour[104].

Qui voudroit paindre en ces tableaux
Le printems mignon de nature
Les premiers traitz de sa peinture
Devroient estre voz yeux si beaux.

Je ne fai la comparaison[105]
De vos beautez aux fleurs nouvelles
Car en tout temps elles sont belles[dl]
Et les fleurs n'ont qu'une saison.

---

102 Selon Monia Mezzetti (Mezzetti 2010, p. 6-7), cette pièce aurait été composée après l'adhésion de Maisonfleur à la Réforme vers 1567 et pas plus tard qu'en 1571, quand il abandonna définitivement la poésie profane pour se consacrer à la rédaction de ses *Cantiques* dont nous avons un exemple dans ce recueil (voir l'Introduction, p. 16, 20, 27, 33). Par conséquent, cette pièce aurait été transcrite dans l'album entre 1572 et 1583 (pendant le veuvage de Louise en France [1572-1583] ou après son départ de France et ses secondes noces en 1583) ou même jusqu'en 1610 puisqu'il se peut que la compilation du recueil se poursuivit jusqu'à cette date.

103 Exemple des compositions galantes auxquelles Maysonfleur se livra avant de se tourner vers la poésie sacrée des « Cantiques » qui lui valut une certaine renommée. Composé de 14 quatrains, ce poème reprend le thème de la belle matineuse qui fut développé par le poète siennois Antonio Francesco Rinieri et cultivé par les pétrarquistes italiens du 15e siècle avant de connaître un certain succès auprès des poètes français du XVIe siècle. Au siècle suivant, ce thème poétique connut la faveur des milieux précieux. Les plus célèbres représentants du genre sont Vincent Voiture, Claude de Malleville et Tristan L'Hermite. Le thème de prédilection est la beauté de la femme qui est vue comme supérieure à celle de la nature, ici au soleil, au printemps et aux fleurs.

104 On trouve déjà chez Pétrarque (*Canzoniere*, sonnet 9) la beauté féminine en harmonie avec le cosmos. L'assimilation entre l'œil de la dame et le soleil est l'une des métaphores les plus banales que le pétrarquisme ait diffusées (voir entre autres Ronsard, *Les Amours*, sonnets 5, 75, 143, etc.).

105 La métaphore filée dans les strophes qui suivent donne lieu à l'image de la femme transformée en un paysage printanier. Autre image typique dans l'imaginaire poétique de la Renaissance (voir à titre d'exemple Ronsard, *Les Amours*, sonnet 6).

Que l'avril avec son émail
Cache ses boutons[dm] et ses rozes
On voit bien d'autres fleurs écloses
Dessus vos levres de corail.

O Dieu que de liz blanchissans
O Dieu que de rozes vermeilles
O Dieu que d'estranges[dn] merveilles
O Dieu combien d'yeux ravissans.

O[do] Dieu que de frians appas
Dieu que d'humanité divine[dp]
O Dieu que de douces ruines
Et que d'agreables trespas.

Je ne dy pas que dans les Cieux[dq]
N'abitent de grandes deesses
Mais je di[dr] bien que pour maistresses
Les Dieux ne pourroient avoir mieux.

Celuy qui se veut hazarder [40v°]
À voir vos beautez qu'il[ds] regarde
Qu'en regardant il ne se garde[dt]
D'estre pris[du] avant se garder.

Les Cieux[dv] seront ilz point jaloux
De veoir tant de beautez ensemble
On ne voit rien qui tant[dw] ressemble
À leur divinité que vous.

Rien n'est plus beau que le soleil[dx]
Mais si à sa beauté luisante
Quelque autre chose est ressemblante
Ce ne peut estre qu'un bel œil.

Trop mieux vos regars j'aimerois[dy]
Ayant pitié de mon martire[dz]
Que de me voir[ea] Roy d'un empire[eb]
Ou Empereur[ec] de mille Roys.

Si pitié vivoit en vos yeux
Vos yeux vivans dedans nos ames
De grace dittes[ed] nous mesdames
Si nous pourrions souhaitter mieux.

On[ee] ne peut rien voir icy bas
De si parfait qui vous esgalle[ef]
Que l'amour constante et loyalle
De ceux qui sont pris[eg] en vos las.

Mais comme ilz bruslent constamment [41]
Du feu de leur perseverance[eh]
Donne leur pour la recompanse
L'heur qu'on merite[ei] en bien aymant.

fin.

Stances de l'honneur[ej] [41v°]

Un peuple vil et bas[ek] de terrestre origine[el]
Dit[em] que l'amour n'est rien que ce qu'on imagine,
Un plaisir desreiglé souz un dieu contrefait[en]
Mais les rois[eo] qui du ciel ont tiré leur naissance
Tirent l'amour du ciel[ep] où il a son essence
Si le ciel est parfait l'amour est donc parfait[eq].

Pensez donc que les roys ont amour pour leur frere[er]
Puis qu'amour et les roys ont le ciel pour leur pere
Dieux qu'on doit reverer pour la perfection
Les rois amour le ciel c'est une mesme chose
Une perfection en ces trois noms enclose,
Si ces trois faillent don je faux d'affection.

Que je blame l'abus de ceux qui font acroire[es]
Qu'amour est une humeur grosse pesante et noire

D'un sang froit ou[et] bruslé dans le foye agité[106].
Bien. Si c'est une humeur c'est une humeur sutile
Qui des plus clairs esprits en l'ame se distile
Nostre ame est donc l'autel de sa divinité.

Les vestales gardoient une lumiere sainte[eu]
Qui ne mouroit jamais. Jamais n'estoit étainte
Feu pur clair et entier, honneur de leur[ev] autel,
Ce feu toujours ardant qui luisoit[ew] dans leur temple
Nous est de notre honneur le portrait et l'exemple
Si bien que nostre honneur n'est qu'un[ex] feu immortel.

Moy qui pour tout desir ne desire autre chose[ey] [42]
Et qui pour tout mon bien ce seul bien me propose
Un amour perdurable, un amour deffendu,
Qu'on ne me parle point qu'un plaisir me maistrise
Je ne veux point qu'on ait desur moy[ez] cette prise
Qui a perdu l'honneur[fa] n'a-t-il pas tout perdu ?

Et bien quant j'avouroy que pour fin desirable[fb]
Mon amour recherchast le plaisir favorable
Pense-t-on pour cela mon honneur offencer ?
Car ce plaisir n'est point quelque flamme poussée
Qui recerche autre bien que l'ame et la pensée.
Aimer comme je fay c'est aimer de penser.

Penser, où mon amour a sa place choisie[fc],
Penser, œil de mon cœur, travail de fantaisie[fd],
Un vrai cors en peinture et peinture en plaisir[fe],
Lien de mes espris, liberté de mon ame,
Ecstase de me sens, essence de ma flame,
Vie de mon honneur et mort de mon desir[ff].

L'amant voluptueux[fg] qui fonde sur le vice[fh]
Et sur la volupté le fruit de son service,
Il ne peut rien aimer mais il desire bien

106 Référence à la notion que l'amour déréglé est une maladie caractérisée par la mélancolie, l'humeur noir. Voir Ferrand, 1610.

L'on aime ce qu'on a le plaisir qu'il pourchasse
Il ne l'a pas encor ains est à la chasse
Aymer donc le plaisir cela c'est n'aimer rien.

Mais[fi] si vous me pressez de vous dire qu'il arrive[fj] [42v°]
Et bien qu'il soit ainsi[fk]. Mais il aime soi-mesme
Pour l'amour de soi-mesme il fait tout ce qu'il fait
Son leger apettit son plaisir qu'il carresse[fl]
Luy sert et non pas nous de dame et de maistresse
Les desseins en amour se jugent de l'effet.

Ce n'est pas sans raison qu'en ce lieu j'acompare[fm]
Tel amour de plaisir[fn] à un marchant avare
Qui cerche la richesse et l'aime et la poursuit
Il court les mers, la terre et nuit et jour soupire[fo]
Mais c'est pour le profit et le gain qu'il en tire
L'on mesprise la feuille et aime-t-on le fruit.

Tout[fp] plaisir est suivy d'une jalouse crainte[fq]
De crainte le soupçon, de soupçon la plainte[fr],
Des plaintes le courrous, du courrous le mespris[fs],
Du mespris le desdain, du desdain vient la haine,
Si le plaisir en fin la haine nous amene,
L'amour pour le plaisir ne peut donc estre pris.

L'amant que la vertu[ft] seullement epoinçonne[fu],
Comme il est vertueus jamais il ne s'adonne[fv]
Qu'à la seule vertu qui est[fw] en son pouvoir,
Si elle y est déja c'est[fx] erreur que de dire
Que pour estre amoureus il faille qu'on desire
S'il a tout ce qu'il veut. Que peut il plus avoir[fy] ?

Le plus seur[fz] argument que l'ame est immortelle[ga], [43]
C'est que l'ame se pousse[gb] et se meut de par elle,
Le cors qui est mortel ne la peut secourir,
Le desir[gc] est un cors et cette amour parfaite,
C'est l'ame qui se meut qui de soi-mesme est faite,
Le desir mourant donc l'amour ne peut mourir.

Desir, filz de fureur allaité[gd] d'esperance[ge]
Qui croist et devient viel et ne sort point d'anfance,
Un dedale sans fin où l'on se pert souvant,
Forme d'ypocrisie[gf], et soif[gg] insatiable,
Feu de nos volontez et genne miserable,
Cheval qui court sans bride et ne suit que du vent.

Mais ce desir[gh] n'est point le but de mon attente[gi]
Car aussi la raison[gj] qui concoit et enfante
Mon amour ne se paist[gk] de si forte poison[gl]
Et si ne fait ainsy[gm] comme fait la vipere
Qui deschire en naissant le ventre de sa mere
Car la raison sans plus[gn] se nourrit de raison[go].

Pour fin mon amour[gp] n'a qu'un amour de ma peine[gq]
Et ma peine est amour et mon amour hautaine
À l'amour de l'honneur que je ne puis changer
Je veus toujours l'aimer. Mais je puis dire encore
Que son[gr] honneste amour mon honneur meme honore,
La valeur du soldat fait sa preuve au danger.

Celuy n'est pas contant en amour[gs] qui desire[gt] [43vº]
Car desir est defaut du point où l'on aspire,
Sont deux extremitez[gu] desir contantement,
Mais mon amour ne peut desirer rien au monde
Entier et tout à soy. C'est une sphere ronde
C'est son milieu sa fin et son commancement.

Ainsi qu'on voit un ver qui a pris[gv] sa naissance[gw]
Dedans quelque vieux chesne et pour sa recompense
Ce ver son traistre enfant le mange et le pourrit
Amour est ce vieux chesne[gx] et le ver qui s'engendre
Est un leger desir[gy] qu'en aimant l'on veut prendre
Mais ce filz tue en fin celuy qui le nourrit.

Quiconques le premier nous feit voir en peinture[gz]
Amour enfant[ha] et nud mesconnut sa nature
Je veux qu'en ma faveur il ait un autre trait.

Ostez à la vertu les habiz qu'elle porte,
Ou du moins habillez Amour de mesme sorte,
Mon[hb] amour et vertu n'est qu'un mesme portrait.

Puis l'objet vertueus[hc] de ma[hd] flame allumée[he]
Qui brule et qui me[hf] fait[hg] aimante et bien aimée[hh]
Ne tasche sa grandeur[hi] d'une impudique amour
Non plus[hj] que le soleil qui repant sa lumiere
Et la garder[hk] par tout[hl] toujours pure et entiere
Aussy c'est le soleil qui fayt luyre mon Jour[hm].

FIN

Tout ce qui est de plus beau dans les Cieux[hn], [44]
Tout ce qui est de plus divin au monde,
Soit parmi l'air, sur la terre ou dans l'onde,
N'égale point le soleil de mes yeux.
Ce beau Phebus qui se pense immortel
Nourit les cors des humains par ses flames
Mais mon soleil va nourrissant les ames
D'un past si doux qu'il n'en est point de tel.

De l'œil de l'un le beau printems[ho] se fait
Et par six mois s'engendrent les fleurettes
Mais, en tout tems naissent les amourettes
Des yeux du mien plus que l'autre parfait.
L'un par raison[hp] fait refleurir les lys
Les aubespins, les œillets et les roses

Mais du mien beau les deux levres decloses[hq]
Font pour toujours en terre un paradis.

L'un excessif en ardeur fait perir
L'esperé fruit de la terre altérée
Mais du mien beau la chaleur temperée
D'un dous trespas en vivant fait mourir.
Il sait si bien assaisonner la mort[hr]
Qu'en la donnant il y mesle la vie
Et lors qu'on croit du cors l'ame ravie,
C'est justement alors qu'on est moins mort[hs].

O doux trespas meslé de reconfort [44vº]
O belle mort qui redonne la vie
Si pleine d'heur que l'on pert toute envie
Et tout desir de vivre qu'en la mort.
O vivre dous attaché au trespas
O belle vie où la mort est prochaine,
Et toutefois de tant de bon heur pleine
Que de plus vivre on ne souhaitte pas[ht].

Puisse à jamais mon cœur vivre et mourir
Si doucement en ces mors si vivantes
Puisse mon ame en vies si mourantes
Toujours revivre et toujours remourir.
Et le soleil qui fait ces douces morts
Et cause en moy tant d'agreables vies
Puisse toujours en si douces folies
Entretenir ces discordans acors.

Quatrain

On en voit tant de ses beautez
Et de ses graces admirables
Qu'on cherche un peu de tous costez
Et qu'on m'en trouve de semblables.

Autre

Nature à vous plus qu'à tous favorable
A fait à tous un tort irreparable
Ostant à tous ce qu'ils avoient de bon
Affin d'en faire à vous seulle le don.

SONNET[107] [45]

Quiconque de poesie, de peinture et musique,
Ha l'esprit, main, et voix, honorez par les Cieux,
Ainsi qu'Homere, Appelle, Orfé[108], tres curieux
Du livre, du tableau, de la chorde lirique.

Escrivant, portrayant, jouant, d'art angelique,
Comme poete, peintre et chantre ingenieux,
Bien disant, bien peignant, bien chantant, tient des dieux
Ses beaux vers, ses beaux traictz, sa douceur harmonique.

L'energie, le vif, et l'art font émouvoir
Le cœur, l'œil, et l'aureille, avec si grant pouvoir
Qu'en lisant, en voyant, en oyant on s'étonne.

La plume, le pinceau, et la lyre, qui font
Nombre, proportion, et mesure, ce sont
De trois belles vertus d'une triple couronne.

---

107 Tel le sonnet rapporté de la triple Diane par Jodelle, les éléments de la triade sont à chaque fois disposés selon un parallélisme horizontal et vertical (poesie, peinture, musique/esprit, main, voix, etc. et poesie/esprit/Homere/livre, etc.).

108 Homère, Orphée : poètes de l'Antiquité associés aussi avec la musique. Appelle (Apelles de Cos, av. 360-c. 295), peintre très connu de la Grèce ancienne qui pratiqua son art à la cour d'Alexandre le Grand. Voir Pline, *Histoire naturelle*, Liv. XXXV, ch. 36.

Aultre[109]

Jamais, point, ars, lié, de trait, flame ou cordaige,
Fut cœur plus dur, plus froit, plus plein de liberté
Que le mien quant feru, bruslé, et arresté,
Il fut le premier jour en l'amoureux servaige.

Plus massif, plus gelé, de plus libre courage
Qu'un rocher, qu'un glaçon, ne qu'un cerf derretté.
Ne craignons coup, chault, neud. Toutefois j'ay esté
D'un dard, d'un feu, d'un reth, butte, brasier, pillaige.

J'en suis oultré, destruit, et enlassé de sorte
Que flesche, torche, ou chesne, en amour tant soit forte,
Ne perse, enflame, ou serre, aujourduy cœur plus fort

Tant que ne peut la playe, ardeur ou la lieure
Qui m'ensanglante, encendre et estraint à toute heure
Guarir, s'éteindre, ou soudre autrement que par mort.

[45v°] feuille blanche

Sonnet[hu] [46]

Si l'outrageuse loy d'un injuste himené
De vous m'oste la part moins parfaitte et moins belle,
Et[hv] qui se peut sercher comme une fleur nouvelle
Pour la donner à un plus que moy fortuné.

109 Autre exemple de sonnet rapporté où le procédé s'étend sur l'ensemble du poème et parfois même d'un hémistiche à l'autre comme dans les 1er et 8e vers : point, ars, lié/ trait, flame, cordaige ; dard, feu, reth/butte, brasier, pillaige.

Ma dame[hw] à qui je fuz en naissant destiné
Ou plus que le malheur vous me serez cruelle
Ou vous me garderez[hx] la partie immortelle,
L'ame à qui les hauts dieus[hy] tant de gloire ont donné.

J'aimoy vostre beauté passagère et muable
Comme un umbre de l'autre eternelle et durable
Qui sur l'aisle d'amour dans le ciel[hz] m'élevoit.

Cette ci sera mienne et l'autre aura la feinte,
Aussi bien mon amour pure, eternelle et sainte,
D'un salaire mortel payer ne se pouvoit.

Autre

Amour ce grand Demon dont le superbe empire
Souloit estre importable aux hommes et aux Dieux,
Voyant qu'il devenoit ja par trop odieux
Pour sa grant tirannie excessive en martire,

Eschangeant en douceur la rigueur de son ire,
Voulut à l'avenir regner plus gracieus
Et ne trouva lieu propre en tout le rond des lieux
Pour se faire en bonté par le monde reluyre.

Saturne il veit chagrin, Jupiter abuseur[110],
Mars fier, Phebus ardant et Venus sans honneur,
Mercure cauteleus et la lune muable,

Mais vous voyant ça bas, il choisit dedans vous
Son vray siege, ma Dame, où il regne ore doux,
Gay, seur, benin, sans feu, chaste, entier et durable.

---

110 Le procédé de la *rapportatio* se limite au 1er tercet et au dernier vers et consiste à placer sur un même plan syntaxique des éléments qui s'opposent entre eux : gay s'oppose à chagrin, seur à abuseur, benin à fier, sans feu à ardent, chaste à sans honneur, entier à cauteleux, et durable à muable.

Sonnet [46v°]

Pallas, Junon, Venus au grant pere des dieux
Demanderent ensemble un jour leur apennage,
Disant chacune avoir son droit en l'heritage
Du pourpris paternel au monde spatieux.

Pallas vouloit avoir son advantaige aux Cieux[111],
Comme de Jupiter la fille unique et saige,
Junon race d'Opis[112] en terre son partaige,
Venus née en la mer aux maritimes lieux.

Mais luy voyant que plus le ciel, la terre et l'onde
Ne se pouvoient partir sans ruiner le monde,
Un autre petit monde apart leur ordonna.

Ce fut vous ma Pandore où leur noise print cesse
Dont l'esprit à Pallas, à Junon la richesse
Et le cors à Venus à bon droit il donna.

Autre

Nature ne trouvant de cors assez bien fait
Où en œuvre elle mist l'esprit de ma maistresse,
Esprit qui meritoit le cors d'une deesse
Qui ne peust par le temps jamais estre desfait.

---

111 Le procédé des vers rapportés n'est ici ni d'une grande rigueur ni d'une grande richesse. À partir de la 2e strophe, les trois entités, Pallas, Junon, Venus, sont simplement associées aux termes Cieux/ciel, terre, mer/onde et esprit, richesse et cors.

112 Opis, ou Ops, femme de Saturne, et mère de Junon (ainsi que de Jupiter, Neptune, Pluton, Cerès et Vesta) est une déesse associée aux biens de la terre. Tite Live, *Ab Urbe condita*, Liv. XXIX. 10.4-11.8.

Le polit de nouveau encor et le refait
Puis dedans sa boutique inutille le laisse,
Attendant que le temps quelque cors luy adresse
Tissu subtilement d'un ouvrier plus parfait.

Je ne sçai d'où luy vient ce cors qui l'environne,
Si un astre des Cieux ou un demon luy donne
Mais nature qui bien dispense ses tresors

Monstre qu'elle a jugé ce cors seul estre digne
De servir de maison à cette ame divine
À l'esprit le plus beau donnant le plus beau cors.

Sonnet[ia] [113] [47]

Dieu, la nature, l'art, tippe ouvriere conduite[ib]
Par dessein, par raison, par emulation,
L'Idée, les vertus, et l'operation,
En esprit, forme, effect, ordonne, agît, imite[ic].

Dieu dit, nature fait, l'art apres excogite
Le projet, le progres, la preparation
Pour juger, avancer, voir l'exaltation,
De luy, d'elle, par elle, en discours, œuvre[id], suitte,

Qui oit, entend, comprent, Dieu, la nature, l'art,
Saige, docte, inventif, sans fraulde, faulte, fart[ie],
Par destin, reigle, feu, voit, sçait, fait grandes choses

Car Dieu, nature, et l'art, d'un triangle divin,
Sont[if] le commancement, le millieu, et la fin,
De tout, tenans eux trois toutes choses encloses.

---

113 La particularité de ce sonnet rapporté vient du simple fait que dans plusieurs vers (v. 4, 5, 6, 7, 8, 9-11), les éléments de la triade sont repris non plus d'un vers à l'autre mais d'un hémistiche à l'autre.

Autre

D'indissoluble neud le royal enchanteur
Augura les lauriers du dompteur de l'Asie
Le boiteux lemnien[114] par aspre jalousie
Ira avec Cipris[115] le grand dieu belliqueur.

L'enfant pere de tout, l'aveugle bras-le-cœur[116]
D'inextinguible flamme et du nœud qui tout lie,
Liant l'ame et le corps, les espris et la vie,
Se rend malgré la mort de l'univers vainqueur.

Vertu parut en l'un, en l'autre la vengeance
Et en l'autre d'amour la fatalle puissance
Qui ne craignent tous trois du monde tout l'effort.

Maugiron[117] plein d'amour, de courroux, de prouesse,
Lié avec Quelus d'immuable promesse
Passe le Roy Vulcan et l'amour par sa mort.

---

114 Iconographie traditionnelle de Vulcain. Précipité du ciel par son père (Jupiter), il serait tombé dans l'île de Lemnos et serait resté estropié.

115 Surnom de Vénus qui était née à Chypre. Une fois Vulcain rétabli dans les bonnes grâces de Jupiter, celui-ci le fit épouser Vénus.

116 L'iconographie de Cupidon aveugle est fermement établie à la fin du XVIe siècle.

117 Louis de Maugiron et, au vers suivant, Jacques de Lévis, comte de Caylus, étaient les favoris du roi Henri III. Faut-il lire ici une allusion au duel des mignons, le 27 avril 1578, dans lequel plusieurs d'entre eux trouvèrent la mort ? Sur cet incident, voir Le Roux, 1997.

Sonnet [47v°]

Quand ce Dadale[118] Amour d'un vol audacieux
Me porta dans le Ciel de vos beautez parfaittes
D'indissoluble glu mes aisles furent faittes
Qui jamais n'ont peu fondre au soleil de vos yeux.

Ainsi toujours au feu j'ay vescu furieux,
Front à front de leur raiz mes fatalles comettes,
Hé, que ne furent lors mes deux aisles defaittes
Tombant comme celuy qui trebuscha des Cieux.

Superbe enfant, ton vol contanta ton couraige,
Ton honneur proceda de ton soudain naufrage,
Et ta mort tesmoigna ta magnanimité.

Mais moy volant plus hault, constant pour ne dissoudre
Mon eschine emplumée aux rayons d'un tel foudre
Sans tomber je suis mort par ma temerité.

Autre

Quand j'ay porté, d'un vers qui ne mourra jamais,
Jusqu'à l'ouyr des dieux estonnez de mes plaintes
L'orgueil de vos beautez[119] et de vos vertus saintes,
Beautez qui dans les cœurs donnez guerre et la paix

118 Dédale, le célèbre inventeur et architecte athénien, père d'Icare dont la tragique chute pour avoir volé trop près du soleil est évoquée par la suite (voir entre autres, Ovide, *Métamorphoses*, VIII, 183-235). Sur le personnage de Dédale et le mythe d'Icare, voir Dancourt, 2002, p. 9-28.

119 La fin de l'hémistiche rime avec le début du vers suivant. Serait-ce une variation de la rime batelée que les Grands Rhétoriqueurs pratiquaient dans leurs balades ?

Que j'ay mieux que ne feit sa Ciprine Apelles[120]
En mille et mille vers vos chastetez depeintes
Que j'ay en vous louant les plus belles esteintes
Par les feuz flamboyans qui sortent de voz raiz.

Brief quant j'en ay escrit ce qu'on en peut escrire
Que j'en ay recité ce qu'Homère eust peu dire
Je voy que ce qui reste est plus cent mille fois.

O fertil argument que sert-il que je die
Ineffable beauté si d'un mortel la voix
Ne suffist nullement puisqu'elle est infinie.

Sonnet[121] [48]

Nous faisons vous et moy, Mignonne, un autre monde.
L'élément le plus pur se loge dans vos yeux
Dont je sens bien souvent les brandons furieux.
L'air se fait des soupirs dont ma poitrine abonde.

La source de mes maux est une mer profonde.
Le ciel est vostre face où mille et mille lieux
De mille et mille attraiz brillent comme les Cieux,
La terre c'est ma foy qui ferme est toute ronde.

Vostre esprit commandant ce petit univers
De l'esprit du plus grand ne doit estre divers
Qui assemble les corps, les unit et les serre.

---

120 Du latin Cypris, l'un des noms donnés à la déesse Aphrodite, en référence à Aphrodite Anadyomène, célèbre tableau réalisé par Apelles (voir note 108). Celui-ci avait pour modèle la maîtresse préférée d'Alexandre le Grand, Pancaste ou Campaspe, qui était d'une grande beauté. En réalisant son portrait, Apelles tomba amoureux d'elle.

121 Autre sonnet rapporté mais les parallélismes sont ici moins évidents. Dans les quatrains, les éléments en facteur commun s'étendent sur un, deux ou même trois vers : le feu (v. 2-3), l'air (v. 4), la mer (v. 5), le ciel (v. 6 et 7) et la terre (v. 8) et, dans le premier tercet, ils sont abandonnés. On les retrouve dans le dernier vers dans un ordre légèrement modifié : ciel, air, feu, mer et terre.

Deesse, imittez Dieu par nostre assemblement,
Quoi ? voudriez vous dissoudre ainsi legerement
Le ciel, l'air, et le feu, et la mer, et la terre.

Autre

O fol outtrecuider, o la vaine hardiesse !
Une mortelle main vouloir de son pinceau
Comme un Dieu tout puissant former un corps si beau
Et son œil que celuy de mon alme deesse.

La main de ce[122] voleur[123] qui osa larronnesse
Desrober à Jupin[124] le feu dans son fourneau
Pour animer un homme et bastir un cerveau
Ne merita point plus la fouldre vengeresse.

Que pense-tu donc faire, o peintre odacieux ?
Veux tu n'estant point Dieu faire des autres dieux
Et avec tes couleurs une deité peindre ?

Voille comme Timanth[125] l'impossibilité
Punissable artisan ne peins la deité
Qui pourroit des mortelz à telle chose atteindre ?

122 Corr. pour *se*.

123 C'est-à-dire Prométhée. Sur le vol du feu par Prométhée, voir Hésiode, *Théogonie*, v. 564-566 et *Les travaux et les jours*, v. 42-55.

124 Forme abrégée de Jupiter.

125 C'est-à-dire Timanthes de Cythnos (400 BCE), peintre grec connu pour sa représentation du sacrifice d'Iphigénie. N'ayant pas réussi à représenter le visage plein de douleur d'Agamemnon, il le peint voilé (Pline, *Histoire naturelle*, Liv. XXXV, ch. 36).

Sonnet

[48vº]

Comme l'ardant tison qui par son ardeur lente
Diminuant sa force et en se[ig] consommant
Diminuoit la vie à ce superbe amant
Qui ayma et vainquit l'Eroide Athalante[126] ;

Tout ainsi de vos yeux la flame violante
Bien qu'elle aille mon cœur à toute heure allumant
Consomme par son feu mon ame tellement
Qu'au milieu de ma vie elle est tousjours mourante.

Las ! ce tison brusloit ce Meleagre[127] ainsi
Qu'en estaignant sa vie il s'encendroit aussi
Et sentoit peu à peu son essance percé,

Mais vos yeux deux soleils armez de cent trespas
En me donnant la mort ne se la donnent pas,
Ains triomphent vainqueurs du meurtre de ma vie.

Aultre

Diane helas tu fus la maistresse premiere
Qui pris de ton bel œil mon miserable cœur,

---

126 *Les Héroïdes* : collection de poèmes d'Ovide traitant des grandes amoureuses de la mythologie (Pénélope, Didon, etc.). Mais c'est au Livre X des *Métamorphoses* (681-704) du même auteur qu'on trouve l'histoire d'Atalante, une jeune fille très belle et très rapide à la course qui, pour dissuader ses nombreux prétendants, leur proposait une course : elle épouserait son vainqueur et ferait mourir les perdants. Hippomène remporta la victoire en lançant devant sa rivale des pommes d'or qu'il avait reçues de Vénus. Mais les nouveaux époux s'attirèrent les foudres de Vénus et de Cybèle et furent métamorphosés en lions attelés à son char.

127 Selon la légende (Apollodore, *Bibliothèque*, I, 8, 2 et Ovide, *Métamorphoses*, Liv. 8, v. 451-455), les Destinées auraient annoncé, quand Méléagre eut sept jours, que sa vie était liée à un tison qui brûlait dans l'âtre et que, lorsque le tison serait consumé, la vie de Méléagre prendrait fin.

Mon cœur las qui n'avoit d'aucun amour veincueur
Jamais sçeu quelle estoit la puissance emperiere.

J'estoi durant mon aage et saison printaniere
Toujours demeuré libre en ma jeune vigueur
Et jamais n'eusse creu que de telle rigueur,
Amour eust peu troubler ma joye coustumiere.

Mais depuis que son trait dans ma poitrine entra
Par la porte des yeux pour vray il me monstra
Combien estoit sa main à surmonter abille.

Le regard vergongneux il m'abaissa tout bas[128]
Et le col escailé m'entortilla de las,
Mettant son pié cruel sur ma teste debille.

Sonnet de S.M.[ih] [49]

Nature ne trouvant de cors assez bien fait
Où en œuvre elle mist l'esprit de ma maistresse,
Esprit qui meritoit le cors d'une deesse
Qui ne peust par le temps jamais estre desfait

Le pollit de nouveau encor et le refait
Puis dedans sa boutique inutille le laisse,
Attendant que le temps quelque cors luy adresse
Tissu subtilement d'un ouvrier plus parfait.

128 « Le regard vergongneux », symbole de la honte, « le col escaillé » et l'entortillement (« entortilla ») qui rappellent le serpent et qui, avec le pied posé sur le cou (v. 14), évoquent l'image de la Vierge, le pied sur la tête du serpent afin de l'écraser (Genèse 3, 15) ou encore celle de Prudence très souvent représentée également de la sorte (voir à titre d'exemple Hans Baldung Grien, *La Prudence* [1592]), donnent à ce sonnet, au départ, d'inspiration pétrarquiste (l'amant qui perd sa liberté en tombant amoureux) une toute autre orientation. Il ne s'agit plus de l'insensibilité de la dame mais de son invulnérabilité et surtout du triomphe de la Vertu, que la femme personnifie, sur les tentations démoniaques.

Je ne sçai d'où luy vient ce cors qui l'environne,
Si un astre des Cieux ou un demon luy donne
11 Mais nature qui bien dispense ses tresors

Monstre qu'elle ha jugé ce cors seul estre digne
De servir de maison à cette ame divine
14 À l'esprit le plus beau donnant le plus beau cors.

Aultre tiré de l'Espaignol

Aveugle n'est l'amour[129] mais bien cil qui se laisse
Guider à son vouloir au chemin du tourment.
Enfant n'est il non[ii] plus mais cil qu'en un moment
4 Est plain d'espoir, de peur, de plaisir, de tristesse.

Le nommer flame feu c'est faute de sagesse,
Il n'a feu que l'ardeur de son entendement,
Ses æsles c'est sans plus son hautain pensement,
8 Et le vain esperer tiran de sa jeunesse.

Il n'a flesches ny arc, feus, æsles ny liens
Qui puissent affliger les libres et les sains,
11 Il n'a authorité que par nostre licence.

L'amour est seullement des poetes inventé,
Un vray songe de fous, umbre de vanité,
14 Voila le beau demon qui a tant de puissance.

$ $
$

129 Représentation traditionnelle de l'amour, jeune enfant nu, aveugle et muni d'ailes.

Sonnet [49v°]

Si j'avois estimé le bon heur de la vie
Consister seullement où l'on a du plaisir
À vivre moins chargé de peine et desplaisir,
Eslongné de soucy, exempt de fascherie,

J'estimeroy malheur cette peine infinie,
Ce desir violent qui m'est venu saisir,
Mais dix mille malheurs causez d'un beau desir
Ne portent que le nom de fortune ennemye.

J'aime mieux millefoys, adorant voz beaux yeux,
Vivre plain de souci, plaintif et soucieux
Qu'aimer autre que vous plein d'honeur favorable.

Malheureux est celuy qui, craintif du malheur,
N'ose pas hazarder d'aquerir de l'honneur.
Toujours d'un bel effect la gloire est honnorable.

Autre du Laurier[130]

Des Dieux, des demydieux, des hommes l'ornemant,
Le laurier dans le ciel, l'air, et la terre basse,
La grandeur, la vertu, et le beau front enlasse
De son vert plein d'honneur, joye, et contantement.

J'adore, je respecte, et ayme uniquemant
Son divin, son sacré, sa verdoyante grace,

130 Autre variation du sonnet en vers rapportés. La particularité consiste ici à redoubler les parallélismes (un par hémistiche) dans les tercets.

Et avec Phoebe[131], Hercule, et le chantre de Trace[132]
Je le suy, je l'accepte, et chante dignemant.

Son beau, son vert, son tronc, chaste, immortel, robuste,
Du dieu, du froit, du feu, violeur, rude, injuste,
Fuit, repousse, bannit l'amour, l'horreur, le tort.

Chaste, digne, honnorant, vierge, plante, corone,
Vy, croy, va verdoyant. Et moy divin, vif, mort,
Dieu, heros, ou mortel, pren, orne, et environne.

Sonnet [50]

L'amour qui a cogneu tousjours ma volonté[133]
Obeissante en tout, suivre sa fantasie,
Voulust pour bien heurer le reste de ma vie
Imprimer en mon cœur vostre exquise beauté.

Son desir etoit bon, mais son trop de clarté
Esclava son esprit et rendit asservie
De son œuvre son ame et sa main ennemie
Engrava le portrait qui le tient arresté.

Cependant je vous voy et vos beautez, madame,
Outragent sans pitié le meilleur de mon ame,
L'amour pour se guarir tousjours tire à mon cœur.

---

131 Phœbé, connue aussi sous le nom d'Artémis d'où l'analogie « chaste » et « vierge » [v. 9], celle à qui le Printemps rend hommage (« verdoyante grace » [v. 6], « vert » [v. 9] et « verdoyant » [v. 13]), mais aussi Séléné, la Lune, et donc la froideur (« froit » [v. 10]).

132 Orphée, voir Horace, *Odes*, I, 12, v. 7-8.

133 Il s'agit là d'un sonnet acrostiche sur le nom Louise de Colini. Les 14 vers du sonnet commencent par les lettres successives qui composent ce nom. Sur ces jeux de cour, voir Dubois, 1982, p. 255-256.

Il pense vous blesser frappant vostre figure,
Ne devez vous pas regretter ma douleur
Injustement traité d'amour et de nature.

$ $
$

Madame, les ruisseaux, les tailliz, et la prée[134],
Murmurans, ombraigeux, et d'émail verdissans,
Se taisent, sont seichez et s'en vont jaunissans
Pour vous veoir d'entour d'eux si soudain retirée.

Toujours des ruisselets l'onde sera troublée,
Les prez ne seront plus par leur email plaisans,
Les tailliz jauniront jusques au deré[ij] temps
Que viendrez de rechef honorer leur contrée ?

Mon œil comme les eaux toujours troublé sera,
Comme le pré fauché mon front se flétrira,
Et comme un taillis mort j'auray face enfumée.

À mon œil, à mon front, à mon visaige aussi,
Aux ruisseaux, prez, tailliz en retournant icy
Donnez le gasoilliz, l'émail et la ramée.

Sonnet[135] [50v°]

Je ne peus pas ouir aveques patience
Plustost que l'orange vanter autre couleur,
L'orange qui a eu du souverain moteur
Sur toutes les couleurs la premiere puissance.

---

134 Voir à propos de ce sonnet l'Introduction, p. 17.

135 On peut probablement dater ce sonnet en l'honneur de la couleur orange de l'époque du mariage de Louise avec Guillaume d'Orange (1583).

Ce bel astre luisant qui par son excellence
Peult bien estre nommé du firmamant l'honneur
Et qui donne à la terre et puissance et vigueur
Du plus bel orange nous monstre la semblance.

Toutes autres couleurs en la terre sont nées
Qui seroient aussi tost sans son ayde etoufées,
Toutes autres couleurs croissent par le soleil.

Qui n'ayme l'orange veut mal à la lumiere,
Qui ne veut voir le jour doit clorre la paupiere,
Qui hait donc l'orange doit toujours fermer l'œil.

Autre sur le violet

Les diverses couleurs dont la terre est parée
Se font par leur semblance aux hommes estimer,
Je ne veux pour cela le violet aymer,
Bien qu'on en voye au ciel et au doz de Nerée[136].

Dur, plus pur element la pointe en est ferrée,
Et les petites fleurs sur la fin de l'hiver,
Presages du beau temps qui nous doit arriver,
Ont du beau violet la couleur empruntée.

Mais ce qui fait surtout que j'aime sa couleur,
C'est pour son beau blason cause de son honeur,
Violet c'est l'amour et qui l'amour mesprise

136 Dieu marin primitif.

Voudroit voir rebrouiller le rond de l'univers
Puisse tu violet autant luire en mes vers
Que sous la loy d'amour j'esclave ma franchise.

$ $
$

Sonnet [51]

Celuy qui dit l'oubly se causer par l'absence
Merite estre oublié de tous pour son humeur,
Celuy de qui l'Amour est le maistre et vainqueur
Sent par l'eslongnement augmenter sa soufrance.

Son mal se rend plus fort avec la souvenance,
L'eslongement augmente et acroist sa douleur,
Et se veoir eslongné des liens de son cœur
Embrase ses desirs de plus de violance.

L'amour qui est au cœur embrasé vivement,
Pour ne veoir le sujet qui cause son tourment,
N'est pas pourtant gueri de la playe receue.

Non plus que celuy-la qui, de coups tout chargé,
Pour elongner celuy qui ainsi l'a rangé
Ne congnoist pour cela que son mal diminue.

$ $
$

Dans l'air, en terre, au ciel, à nous et à mesme heure
Ton nom, ton corps, ton ame et ton regret demeure
Le nom en terre espars, le corps icy dessous
L'Ame dedans les cieux et le regret à Nous.

D.p.

Dieu ne vous punira, bien que vostre Inconstance
Presque s'ose esgaller à mon affection[137].
Je le priray pour vous d'effacer vostre offence
Car je seroi marri de vostre affliction.

Autre

C'est de blanc et de noir[138] que s'habille Ma Dame ;
C'est du blanc et du noir que j'aime les couleurs ;
C'est le blanc et le noir que je porte dans l'ame,
Pour, tesmoignant ma foy, tesmoigner mes douleurs.

Sonnet [51v°]

Je recongnoy par moy l'opinion certaine
Que deux anges espris acompaignent nos Jours,
L'un bon, l'autre mauvais, qui nous poussent tousjours
L'un au bien fortuné, l'autre pousse à la peine

Un soucy seullement me travaille et me geine
Que l'un veut qu'amoureux je parface mon cours
L'autre que de tout point je fuye les amours
Ou que j'en sentiray la repentance vaine.

---

137 Diérèse aux vers 2 et 4 : affecti-on et afflicti-on.

138 Le contraste noir/blanc date de la Renaissance avec l'invention de l'imprimerie et l'apparition de l'encre noire sur le papier blanc. Il est alors utilisé pour décrire les contraires : lumière/obscurité, pureté et innocence/mal ; tristesse/liesse, etc. Voir Pastoureau, 2008, p. 116*sq.*

Je ne recongnoy pas le mauvais ny le bon,
Je ne sçai quel des deux est l'ange ou le Demon,
11 Il fault que par l'essay j'en tire l'assurance.

J'ay peu jusques icy garder ma liberté,
Or je veux m'asseurer dessous vostre beauté
14 Pour apres en juger avec l'experience.

Autre

Ma Dame et le soleil sont de nature telle,
Si l'un domine au ciel comme l'astre plus beau.
L'autre est de l'univers le plus luisant flambeau.
4 Tout demeure esbay de leur clarté si belle.

Et comme du soleil l'esclairante estincelle
Eschaufe vivement tout le mortel troupeau,
Qui ne reste enflammé voyant l'astre jumeau
8 Que se rend le vainqueur de l'ame plus rebelle ?

Le mortel du soleil ne soustient la clarté.
De Ma Dame qui peut suporter la beauté,
11 Sans rester malheureux tout le temps de sa vie ;

Le Soleil se couchant pert lumiere et chaleur
Madame au rebours augmente la douleur
14 De c'il qu'à ses vertus a son ame asservie.

Sonnet [52]

L'oyseau qui sur le chef porte une étoille belle,
Qui a rouge le dos et le col tout doré,
Et dont la belle queue a le taint aszuré
Consommé par le feu sa vie renouvelle[139].

Un autre dont la plume à la neige est pareille,
Aprochant de sa mort, d'un gosier asseuré,
Chante si doucement qu'il se rend admiré,
Et d'un chant si parfait l'univers s'émerveille[140].

Un autre, sans baisser aucunement ses yeux,
Ferme peut suporter le plus beau feu des cieux[141].
Avec ces trois oyseaus j'ay quelque simpathie.

J'aime de vos ieux hardimant le flambeau ;
Plus s'aproche ma mort et plus mon chant est beau ;
Et bruslé de vos ieus je pren nouvelle vie.

Autre

La Mer dans son bassin n'a tant de goutes d'eau,
Ni son dos eventé tant de vagues soudaines,
Ni son dos recourbé tant de chaudes arenes,
Ni d'odorantes fleurs le plaisant renouveau,

Comme, pour élongner de vos yeux le flambeau,
Mon estomac[142] dans soy couve de dures peines,

139 Le phénix, oiseau mythique qui sort vivant de la flamme.
140 Le cygne, qui selon la légende ne chante qu'une fois de sa vie, au seuil de la mort.
141 L'aigle, aux yeux perçants, qui peut regarder directement le soleil en chassant sa proie.
142 Au XVIe siècle, l'estomac était considéré comme le siège des sentiments et des pensées.

Comme de feus bruslans courent dedans mes veines,
Et de mortels pensers tournent dans mon cerveau.

Las ! en vous éloignant je m'élongne Ma Dame
De mon cœur, de mes yeux, de mon sang, de mon ame.
Et desja par ma fin j'eusse borné mon sort,

N'eust esté que la mort, par ma douleur trop forte
Craignant comme je croy de mourir en ma mort,
Sans vie a fait depuis vivre cette chair morte.

Sonnet [52v°]

À un torrant grondeur mon amour j'acompare,
Qui d'un mont elevé prent son commancement
Et descendant emeu fait un sacagement
Sur le champ porteblé qui d'un beau vert se pare.

Mon amour comme luy sa cruauté prepare
Et se rend furieux d'un lieu for eminent,
Et descendant cruel de son desbordement,
Hors de moy de tout point l'esperance il separe.

Le triste laboureur de sa perte gemit,
De ce seul souvenir tout son corps se fremit,
Se voyant malheureux par ce cruel orage.

Je ferois comme luy, mais le torrant passé
Ne peut racommoder ce qu'il a fracassé,
Et ma maistresse peut reparer son outrage.

Autre

Quand j'oy plaindre quelq'un des rigueurs de sa Dame,
Qui, plaine de glacons, se mocque de ses feux ;
Quant je l'oy se douloir des propos rigoureus
Dont à chasque moment elle blesse son ame ;

Quant je l'enten parler de mort, de sang, de flame
Causée des regars que luy dardent ses yeus,
Je juge aussi soudain qu'il n'est guere amoureus
Et que le trait d'amour sa poitrine n'entame.

Celuy n'ayme pas bien qui se plaint de l'amour,
Pouvant voir les flambeauz qui esclairent son jour,
Et pouvant estre pres de sa chere guerriere.

Mais celuy doit sans plus aspirer à mourir
Qui ne peut ses desirs par ses yeus secourir,
Et ne voit le soleil qui seulement l'esclaire.

Sonnet [53]

La terre en tel plaisir ne reçoit le visaige
Du soleil, sa clarté sur elle rayonnant
Apres un long brouillas, comme j'ay maintenant
Par vostre beau portrait de joye inestimable.

Que jamais rien si cher ne me soit que ce gage,
Non pas ma vie mesme ; À jamais luy donnant
Mon cœur, mon souvenir, et ce qu'en bien aymant
On pourroit desirer d'asseuré tesmongnage.

Que si ne pouvant pas aprocher jusqu'au bout
De vos perfections, j'égalle au moins du tout
Mon amour à l'amour dont m'avez honnorée.

Il ne me reste plus qu'en vous donnant mon bien,
Moy, ma vie, mon cœur, je vous rende asseurée
Que qui veult bien aymer n'espargne jamais rien.

Autre

Tresexcellant l'ouvrier et le peintre admirable,
Qui premier façonna dessus vos grans beautez
Tant de beaux traitz divins que m'a represantez
Ce beau portrait, qui m'est un gaige inestimable.

Certes vos traitz divins, encor qu'inimitables,
Sont par ce beau portrait assez bien raportez
Mais non au pris qu'ils sont parfaitement antez
Dans mes sens, d'amitié tesmoins non variables.

Que je peusse aussi bien par ma plume tirer
Le parfait des vertus que je veux admirer
Et qui sont dedans vous innombrables et belles,

Comme ce grant ouvrier et ce gentil tableau,
Façonnant et montrant vos graces immortelles
N'ont rien en leur sujet que d'excellant et beau.

SONET [53v°]

Quant je voy par des vers louanger des couleurs
Et desrober le los et la gloire azurée,
Je m'estonne à bon droit du ciel et de Nerée[143],
Qui laissent sans punir ses hardis blasonneurs.

Le bleu est peint au ciel, et a tant de faveurs
Qu'il en porte le nom. La Mer en est parée,
Car Neptune laissant la province aetherée[144],
Ne laissa la couleur de ses predecesseurs.

Et affin que de l'eau et du ciel l'inconstance
Ne le rende inconstant à leur mode et samblance,
La terre lui donna blason de loyauté.

Le bleu donc à jamais soit de tous admirables,
Lequel est et au ciel et à l'onde semblable,
Et nous sert de tesmoin de la fidelité.

$ $
$

Fille d'un Amyral, de ce grand chef d'armée[145],
Qui saige et courageux n'eut jamais son premier.
Femme d'un Telligni[146], qui, genereux guerrier,
Borna du monde entier l'heur de sa renommée.

---

143 Un dieu marin primitif, surnommé le « Vieillard de la Mer », célébré pour sa justice bienveillante.

144 L'éther, selon les Anciens, était un fluide subtil qui remplissait les espaces situés au-delà de l'atmosphère terrestre.

145 Autre sonnet directement adressé à Louise. Toutefois, l'éloge qui est fait d'elle demeure assez impersonnel. Tout ce qu'on apprend sur sa personne, c'est qu'elle est la fille et la femme de grands hommes disparus (comme l'indique l'emploi du passé simple dans le premier quatrain) et commémorés pour leurs exploits militaires. On peut dater le poème d'avant 1583, puisque le poète ne mentionne pas Guillaume d'Orange, le deuxième mari de Louise.

146 Charles de Téligny (c. 1535 – 24 août 1572) servit en tant que soldat et diplomate sous le père de Louise. Ce fut l'une des premières victimes de la Saint-Barthélemy.

Soit pour cette beauté qui vous rend plus aimée,
Pour la grace et l'esprit ou ce double laurier
Deu à vos devanciers, quel los sera dernier,
Quel premier à vous rendre icy bas estimée ?

Il est bien au pouvoir du ciel et du destin
Non d'obscurcir en vous ce qu'on voit de divin,
Et qui des vostres prent le merite et la gloire.

Mais bien de traverser vos dessins plus heureux,
Car toujours les meilleurs n'ont la faveur des cieux,
Prenans l'Éternité pour but de leur victoire.

Stances [54]

Les fans brament perduz quant aupres de leur fort
Ilz trouvent d'un chasseur leur mere mise à mort.
La mere encores plus, quant de ses yeux ardans
Elle suit les chasseurs massacreurs de ses fans.

Sur ung arbre effeuillé la tourtre fond en pleurs,
Noye pour son pareil sa vie en ses douleurs.
Les seps souz qui on vient abatre les ormeaux
Languissent à la mort et seichent leurs rameaux.

On trouve dans leurs nyz les oiseaux asseichez,
Mourans pour leurs petis qu'ils trouvent desnichez ;
L'anneau retourne au feu qui le va consumant
Quand il perd son honneur avec son diamant.

L'aveugle qui ne voit les couleurs et les lieux,
Les fleurs et les beautez, a regret de ses yeux.
Celuy qui de ses jours perd l'heureus demourant
Regretant ses plaisirs perd sa vie en mourant.

Que seray-je sans yeus, que feray-je sans cœur ?
Puis je pleurer ma mort ou sentir ma douleur,
En endurant du ciel tourment dessus tourment,
Si que de trop soufrir m'oste le sentiment ?

Ny les fans à leur mere ni la mere à ses fans,
Ny la tourtre qui use en ses larmes ses ans,
Et si chers ne sont point aus vignes les ormeaus
Aus oyseaus leurs petis, les perles aus anneaus,

L'aveugle n'a si cher ses yeus, et ses beaus jours
Celui qui va mourant, comme j'ay mes amours.
O amours desolez ! Car tout autre malheur
N'est que plaisir aupres de ma juste douleur.

Doncq je vy sans ma vie, aise en mon desplaisir, [54v°]
Pour tout contantement ayant le seul desir,
Ce desir que la nuit ma beauté me fait veoir,
Et qui sans esperer entretient mon espoir.

Imagine sans plus l'image de mon mieus,
La bonté des beautez se presente à mes yeus.
Mais d'un si grant tresor la perte est grande aussy
Et d'avoir plus perdu, plus grand est le soucy.

Helas, tems impiteus ! O cruelles saisons
Qui enfermez ma vie en vos noires prisons.
Heures qui cheminent à si paresseus pas
Hastez vous à mon heur ou bien à mon trespas.

Vos mouvements o cieux ! d'un cours precipité
Me facent veoir bien tost ma fin ou ma beauté ;
Mais le tems impiteux et l'imployable sort
Sont tardifz à mon heur ou trop longs à ma mort.

fin

PASTORALE [55]

Comme lors que le ciel d'un foudroyant oraige
Brise un pin, orgueilleus bonheur de son villaige,
Qui d'esclaz foudroyez foudroye les rameaus,
Les feuilles et les fruits des voisins arbrisseaus,
Des plus petis enfans jusqu'aux testes chenues
On n'oit que cris, que pleurs, que sanglots par les rues.
L'avare laboureur ne seme plus certain
De pouvoir moissonner l'usure de son grain.
De son pauvre troupeau, riche fruit de ses peines,
Le berger n'atant plus ni le lait ni les laines.
On n'oit plus resonner la resonnante voix
Qui redisoit hier aus antres et aus bois
Les volages chansons des bergeres volages.
Rien ne soupire lors aus chams et aux villaiges
Que malheureus soupirs du presagé malheur.
Ainsi tout aussi tost que la noire fureur
Du destin, envieux des vies mieus aimées,
Eut ravy de noz chams, de[ik] ses chams elisées
ODET[147], l'honneur des bois, la seurté des troupeaus,
La delice des prez et l'amour des ruisseaus.
ODET, les yeux duquel consumoient embrasées
Dans leur moyte sejour les nimphes driadées[148].
ODET le cher soucy des hommes et des dieus.
Le vent creva la terre et la pluye les cieus.
Les chams, les prez, les bois, les monts et les vallées
Changeoient en triste deuil leurs robes diaprées.
Les desolez troupeaus, les desolez pasteurs,

147 Il s'agit très probablement d'Odet d'Andelot, frère puîné de Louise, mort à l'âge de 20 ans vers la fin de l'année 1580. Louise avait été en exil en Suisse avec lui (Louise de Coligny, *Correspondance*, 1882/1970, p. 1). Voir la lettre de condoléances d'Henri de Navarre adressée à leur frère aîné, François, le 4 décembre 1580 (*Recueil des lettres missives de Henri IV*, 1843, p. 333-334). La jeunesse du trépassé est soulignée à plusieurs reprises dans le poème (voir vv. 66, 71 et 223). Sur la pastorale au XVIe siècle, voir Introduction.

148 Nymphes qui habitent dans les arbres et les forêts.

Ne paissoient plus qu'à peine et ne buvoient que pleurs,
Et des tristes bergers, les enfans et les peres,
Noyoient leur triste vie aus complaintes ameres.
Mais son fidelle Alcon[149], Alcon son autre cœur,
Comme extreme en amour extreme en sa douleur,
Pour n'aymer ni le deuil ni l'amitié commune, [55v°]
De jour fuit le soleil et de nuit fuit la lune.
Son cœur ne pense plus, pour ses petis troupeaux,
Aus chams les plus herbus ni aux plus clairs ruisseaus.
La porte de son parc toute la nuit ouverte
Monstre l'oubly de soy et le soin de sa perte.
S'il laisse des deserts le sillance ombrageus,
Il cherche des rochers les antres les plus creus,
Ou il accuse en vain les arbres de malice,
Le sort de cruauté et les dieus d'injustice.
Sans treve de sanglotz, de soupirs, ni de pleurs,
Comme la tourterelle[150] outrée de douleurs,
Vefve de ses plaisirs et de sa compaignie,
Qu'on n'eut privé d'amour sans la priver de vie,
Fuit les arbres feuilluz, fuit les prez verdoyans,
Fuit les petis ruisseaus et les fleuves bruiants,
Et ne chante jamais la vie de ses peines
Qu'aus arbres desja morts et aux seiches areines,
Ou comme Philomene[151] au deuil de ses petis,
Que, venant voir écloz, elle trouve ravis,
Consomme en ses fredons et la vois et la vie ;

149 Nom d'un pasteur dans les églogues de Virgile et héros du poème pastoral *Alcon* que Baldassare Castiglione composa au moment de la mort de son ami Falcone (c. 1506). « Le fidèle Alcon » peut ici représenter François de Chastillon, frère aîné et compagnon d'Odet.

150 Symbole de fidélité conjugale dans la tradition chrétienne (*Dictionnaire des symboles*, p. 506).

151 Nom d'une jeune fille transformée en rossignol. Voir Pétrarque, Sonnet 310 : « Zephir est de retour… / … et Progné qui gazouille, Philomène qui pleure ». Ce passage-ci semble faire écho au Sonnet 311 : « Ce rossignol qui si suavement pleure / ses fils, peut-être… » (Pétrarque, 1988, p. 476). Référence à la sœur abusée dans la légende de Procné et Philomèle (Ovide, *Métamorphoses*, VI, 424-674) ; Pétrarque, comme Chrétien de Troyes, remplace le l par un n. Chez Ovide, Procné se transforme en rossignol et Philomèle en hirondelle, tandis que chez Chrétien de Troyes et chez Pétrarque, Philomène est changée en rossignol. Le chant du rossignol s'associe avec le deuil et aussi avec le printemps. Il semble, pourtant, que « ses fils » (Sonnet 311) soient une invention de Pétrarque, reprise ici comme « ses petis ».

Ainsi le pauvre Alcon qui fuit la compaignie
Pour vivre solitaire au profond des desers,
N'ayant plus ni les yeus que de larmes couvers,
Ny les flancs qu'aus soupirs, ni la bouche qu'en plaintes,
Un jour d'un cœur non feint en parolles non feintes,
Au bord d'une fontaine entre mille ciprès,
Tesmogna sa tristesse en ces tristes regrets.
HELAS mon cher ODET, ODET ma chere vie,
Du meilleur de mon cœur la meilleure partie !
ODET tous mes plaisirs mais[il] toutes mes douleurs !
Si pour toy mes deus yeux sont deus sources de pleurs,
Quel sort, quel dieu, quel astre, ou quelle destinée
A reprise ta vie aussi tost que donnée ?
Quoy ! rien n'échape donc de la main du destin, [56]
Les bons n'ont donques plus au ciel de dieu benin.
Ceres a son esté, Bachus a son autonne,
Et la mortelle faulx qui les mortels moissonne
A fauché mon ODET au vert de son printems.
ODET, depuis ta mort tout est mort par les chams,
Les plaisirs, les amours, et les graces amies,
Mortes avecques toy gisent ensevelies.
De noz chesnes tonduz, les testes sans honneur
Nous refusent l'ombrage au millieu de l'ardeur.
De nos ruisseaux taris, les sources dessechées
Ont fait de noz prez verds des campaignes fanées.
Nos arbres comme toi nous fleurissent sans fruit,
Ou le fruit se consomme aus brouillas d'une nuit,
Et c'est[im] peu des forestz, des chams et des fontaines,
Au regard des troupeaux qui seuls pleurent les peines
Des fontaines, des chams, des prez, et des forests.
Mais las ! o chers troupeaux, ne vous lassez jamais
De pleurer mon ODET. Une mort ennemie,
Pour vous donner la mort, luy a osté la vie,
Vie pour conserver vostre vie des loups,
Rampart de vos bergers et la seurté de vous.
Helas ! mon cher ODET, de quel brave courage
T'ay-je veu mespriser les dangers de la rage,

Et des loups et des ours, ennemis des troupeaus,
Que si par foys quelcun trouvant de nos aignaus
Le parc de nuit ouvert, en deschirant la mere,
Ravissoit les enfans, d'une brave colere
On te voioit soudain le presser de si pres
Qu'en faisant de son corps la trousse de tes traicts,
Tu luy ostois en fin et l'aigneau et la vie.
Mais tu monstrois bien mieus ta prudante furie[152]
Lors que, chef des bergers, au profond des desers,
Au plus creux des rochers et aux bois plus couverts,
Tu courois assieger avec nous tes armées [56vº]
Et des loups et des ours les troupes renfermées
D'où apres avoir seul recongneu le sejour
Et disposé tes gens par bandes alentour,
Selon que requeroit le danger des issues,
Tu ne partois jamais sans les avoir rendues,
Ou de force ou de faim, le butin de tes gens,
Les tesmoins de ta gloire et la seurté des chams.
Alors tous nos ruisseaux, nos prez et nos montaignes,
Nos coustaus, nos vallons, nos bois et nos campaignes
Eslevoient et ton nom et toi jusques aux cieux,
Croyans en ton honneur honnorer l'un des dieus.
Alors tous nos bergers et toutes nos bergeres
Tesmoignoient aux chansons de leurs danses legeres
Que mon ODET naissant avoit ensevely
Et la peur et les maux au tombeau de l'oubly.
Mais ores que nos chants sont lamantables plaintes
Par ta mort qui fait naistre et nos maux et nos craintes,
Or que tous nos troupeaux sont pasture des lous
Qui les troupeaux finiz se repaistront de nous,
Les monts, les champs, les prez, les bois et les fontaines
Accompaignent tesmoins et nos pleurs et nos peines.
Mais quel dieu, mon ODET, ne se deult de ton sort !
Pan[153] baigne ses forests aux larmes de ta mort ;

152 Allusion aux services rendus par Odet d'Andelot à la cause huguenote.

153 Dieu des bergers et des troupeaux, ici en compagnie de ses satyres et de ses silvains (v. 127), monstres de la nature, en général représentés comme mi-hommes et mi-boucs.

Les deesses des bois, les gentilles Napaes[154]
L'acompaignent en deuil toutes eschevelées ;
Les satires cornus et les autres silvains
Frapent des piez la terre et batent l'air des mains,
Monstrans par un grand dueuil la grandeur de la perte.
Si l'impiteus destin avoit l'aureille ouverte
Aux piteuses clameurs des hommes et des dieus !
Mais le destin est sourd et la mort n'a point d'yeux
Pour ne voir ni n'ouyr nos pleurs ni nos prieres.
Le soleil qui se meurt de ses morts journalieres
Et allume en mourant les flambeaus de son deuil,
En laissant au matin son humide cercueil, [57]
Renaist pour remourir et remeurt pour renaistre.
Le froment n'est pas pris qu'il se laisse remetre
Au ventre qui luy est et matrice et tombeau,
D'où il sort seullement renouvellé de peau,
Mourant et renaissant ainsi toujours lui mesme.
Mais las ! dès qu'une fois l'ombre de la mort blesme
D'un voile tenebreux nous ameine le soir,
Dès que le Dieu de nuit[155] nous tient au viel manoir
Où sentier ne chemine, ne mene à la lumiere,
Quant l'eternel sommeil nous ferme la paupiere
Sous l'obscur d'un tombeau ou l'eternelle nuict,
Où rien qu'horrible peur, rien qu'efroy ne reluyt,
Nos complaintes, nos cris, nos pleurs et nos prieres
Volent en vain par l'air puisque des filandieres[156]
Le filet ne se peut que filer une fois.
O Parque ! O Mort ! O Astres ! O Dieu, quel que tu sois !
Qui ravis mon ODET d'une main ennemie
Pour rendre par sa mort ma vie malheureuse,
Puis qu'il ne peult laisser le lien de son sejour,
Aproche moy de luy ou de mon dernier jour.
Quoi, ne verrai-je plus doncques en ces contrées

---

154 Nymphes vivant dans les prairies et les bocages.

155 Érèbe, le dieu de l'obscurité ou des Ténèbres infernales, fils de Chaos qui incarne le Vide primordial et frère de Nyx, la Nuit (Hésiode, *Théogonie*, 123 et 125, vers apocryphe).

156 C'est-à-dire celles qui filent, les Parques qui filent, tirent et coupent le fil de la vie, voir *supra*, n. 49.

Jamais mon cher ODET laisser les assemblées
Des pasteurs nos voisins raportant les honneurs
De la lutte, du sault de l'arc et des coureurs ?
Hélas nous n'yrons plus nous asseoir à l'ombrage
De nos chesnes toufuz, mariant au ramage
De mille rossignols nos champestres chansons,
Qui faisoient resonner ces recourbez vallons,
Des noms de ma Phillis et de ta Gallatée[157].
Helas, mon cher ODET, nostre flame engravée
Dans une mesme escorce en mille mesmes lieux,
Mesmes feux, mesmes eaux, mesme autel, mesmes dieux,
Nos vouloirs toujours un et jamais deux pensées
Ne nous prometoient pas nos vies divisées.
Mais nos desseins conceus au lict de vanité
Nous enfantent du vent au lieu de verité.
Je veux, disoy-je en moy, quiter les compaignies [57v°]
De tous autres bergers, les bois et les prairies
De tout autre pays, et mener mes troupeaux
Toujours parmy les prez ou parmy les coustaux
Voysins de mon amy, afin que le ciel lie
Ma fortume à la sienne et ma vie à sa vie.
Mes bœufs seront ses bœufs, mes brebis ses brebis
Ses champs seront mes champs, sa loge mon logis,
Et les biens et les maux qui viendront d'avantage
Seront aussi communs, comme nostre heritage.
Lors, du libre discours le fidelle pinceau
Nous peignant d'un costé, l'ame au front, son tableau
Efacera de l'autre, avec la Jalousie,
La feinte et le soupcon bourreaus de nostre vie.
Descourans librement tous nos ennuiz soufers,
Sans garder ny plaisir ni desplaisir couverts.
Lors nous marierons les amitiez aux haines,
Aux amoureux esbats les amoureuses peines
Et ainsi garissant de nostre bien nos maux,
Avec le repos soulageant les travaux,
Par les heureux sentiers de la vie ruralle,

157 Phillis, Gallatée : noms traditionnels de bergères dans la poésie pastorale.

Nous irons doucement à la barque fatalle.
Or pource que cellui qui premier monte au jour
Doit le premier descendre au tenebreux sejour,
Lors que je laisserai mon ODET et ma vie,
Je l'aurai pres de moy qui d'une main amye
Me clorra pour jamais et la bouche et les yeux.
Et d'un vent de sangloz poussant mon ame aux cieux,
Avec ses tiedes pleurs destrampera la crasse
Que, marque du combat, la mort laisse en la face.
Puis en fin, o cruel, mais devoir d'amitié,
Rendra de son Alcon la mortelle moitié
Au commun large sein de la mere commune.
Mais las ! rien n'est certain souz le ciel de la lune,
Sinon que la fortune y tient tout incertain.
Ainsi sur mes plaisirs je faisoy ce dessein,
Ignorant que la mort et le dessein se plaisent [58]
A nourrir seulement les choses qui desplaisent.
Ta veue, mon ODET, estoit tout mon desir,
Et je ne t'aurai veu que pour te veoir mourir.
Las ! tout se jouissoit au bruit de ta venue,
Ceres quitoit le deuil de sa fille perdue[158],
Bachus, Palle[159], Apollo, avecques les neuf sœurs[160]
Favorisoient nos champs de leurs douces faveurs,
Et nos champs se paroient de mille fleurs nouvelles
Dont les nimphes des bois, pour te sembler plus belles,
Se couvroient à toute heure et le chef et le sein.
O malheureux destin ! o ciel trop inhumain !
Nous l'avez-vous donné pour si tost le reprandre,
Ou vous pressoient les dieux si fort de le leur randre ?
Non, mais vous aviez veu que, vivant plus long temps,
Les ans de ses vertus attachez à ses ans
Luy pouvoient faire vivre une vie immortelle,
Puis le cruel cizeau de la parque cruelle

158 C'est-à-dire Cérès, déesse des récoltes, qui provoque la famine sur la terre en cherchant désespérément sa fille Proserpine, enlevée par Pluton pour vivre avec lui en Enfer, comme il est raconté par Claudius dans son *De raptu Proserpinae*.

159 Pale/Pales, dieu des bergers et des troupeaux.

160 Les Muses.

Ne s'afile sinon pour trancher nostre bien.
Mon ODET, tout le fruit de cet estroit lien
Qui te perdant me perd à la fin de ta vie,
Est que ton corps privé de ton ame ravie,
Eschaufé de soupirs et arrousé de pleurs,
A eu de son Alcon ses funebres honneurs
Qu'il attendoit de toi, o marastre nature[161].
Mon berceau fut premier, pourquoi ma sepulture
N'est elle aussi plustost ? Las ! j'ay veu de ces yeus
Qui n'aimoient que pour toy la lumiere des cieux,
Priver ton corps de vie et tes yeux de lumiere.
De mes cruelles mains je t'ay clos la paupiere
Et ma bouche a receu tes deux derniers soupirs,
Mais du dernier adieu la fin de mes plaisirs.
Je hai mes yeux, mes mains, ma bouche et mon ouye.
Or puis que le ciel veult que je demeure en vie,
Puis qu'il veult que mes vœus soient le jouet du vent, [58v°]
Que je ne voye plus mon cher amy vivant,
Pour jamais veus du bien de sa vive parolle.
Faites, dieux, pour le moins, si son ombre s'envolle
Quelque fois icy bas, d'un vol doulx et soudain,
Par le vuide de l'air, que logée en mon sein
Je la face[in] baigner aus sources que mon ame
Espuise de sa mort, puis secher en la flame
Que cette mesme source attise dans mon cœur,
Affin que la pité de ma juste douleur
Le meine à escouter mes plaintes langoureuses
Qu'Écho mesmes aprand à ses cavernes creuses.
Cependant, mon ODET, sur le bord de cette eau
Je veux de mes deus mains elever[io] un tombeau
Pour tesmoin et soulas de ma noire tristesse,
Aupres duquel je veux faire fumer sans cesse
Les souefves odeurs des parfuns du Levant
Qui, portées par l'air sur les aisles du vent,

161 Souvenir de l'*Ode à Cassandre* de Ronsard : « Ô vrayment marastre Nature, / Puis qu'une telle fleur ne dure / Que du matin jusques au soir ! » (*Le Premier Livre des Odes*, XVII, vv. 10-12, in Ronsard, 1993, p. 667).

Meneront aussi tost une infinité d'ombres
Pour garder ton cercueil en ses demeures sombres,
Où tant que je vivrai tous les jours que sois,
Je me veux perdre seul par l'obscur de ces bois
Pour payer sans tesmoin ton tribut ordinaire,
Mes larmes, douces fleurs d'une racine amere.
Puis quatre fois de l'an la troupe des pasteurs,
L'esprit chargé d'ennuis et les deux mains de fleurs,
Autour de ton tombeau parfumera la terre
De roses, de laurier, d'œilletz et de lierre.
Que les coustaux bossus de ces proches vallons
N'entendent plus jamais que funebres chansons, [59]
Et vous, bergers amis, gravez sur cette lame
Du burin de vos pleurs les regrets de vostre ame.
Pleurez tous mon ODET, vous estiez son soucy,
Il estoit vos amours et vous l'aimiez aussi.
De moy, que le soleil cesse hardimant sa course,
Que les fleuves bruyants rebrossent à leur source,
Que le blanc vienne noir et le noir vienne blanc[162],
Je pleurerai plustost et la vie et le sang,
Que mes yeus soient sans pleurs et ma bouche sans plaintes,
Lors de mille sanglots finissant ces complaintes.

[59v°-61v°] feuilles blanches

Sur la mort de Monsieur l'Admiral[163] [62]
SONNET

Celluy par un bon heur que le Ciel à la France
Donna pour apaiser nos peines et travaux,
Celuy en qui la terre arnée des grans maux

162 Sur le contraste noir/blanc, voir n. 138 *supra*.
163 Gaspard de Coligny, amiral de France, assassiné le 24 août 1572, début du Massacre de la St. Barthélemy.

4 Receus par les geans metoit son esperance.
Celuy qui rambarant la fiere outrecuidance
Des faux subjets du Roy, et l'erreur des Papauz[164],
Ha fait voler son nom où les luisants flambeaux
8 Du soleil vont prenant leur mort et leur naisance.
Les Cieux nous l'enviant comme trop precieux,
Par la vertu duquel ja s'egaloit à eux
11 La terre, et de la France estoit chassé l'orage,
Le ravirent, affyn que France sceut combien
Sa presance aportoit à la terre de bien
14 Et la terre accusast de la France la rage.

Sur la mort de Monsieur de Chastillon[165]
SONNET

Ce brave Chastillon qui rafinoit nostr'age
De vices tout bruny par ses blanches vertus,
Blanches mais qui rendoient toujours le dard obtus
4 Du sort, tant de leur blanc estoit fort l'alliage.
Ce brave Chastillon qui n'eust tant de courage
Que voiant pres de soy ces[ip] grans cors abatus,
Levés pour son party et demy combatus,
8 En ramassa le bris et luy fit le passage.
La Victoire, craignant qu'un autre n'eust l'honneur
De triumfer un jour de ce tousjours vaincqueur,
11 Tout verd le consuma d'une chaleur ardente.
Ce jeune Hercul adoncq s'eslança dans les cieux,

164 C'est-à-dire les Papistes, nom attribué par les Protestants aux Catholiques.

165 Henri de Chastillon, fils de François de Chastillon, le frère aîné de Louise, et le petit-fils de Coligny, qui fut frappé à mort au siège d'Ostende en 1601 par un boulet provenant des batteries espagnoles. Voir van Hamel (van Hamel, 1903, p. 245). Ce jeune homme, enlevé brusquement à l'âge de 18 ans (*cf.* v. 11, « Tout verd le consuma d'une chaleur ardente »), était très attaché à sa tante ainsi qu'au fils de celle-ci, Frédéric-Henri. Voir Delaborde, 1887, p. 95-103 et *Idem.*, 1890, t. II, p. 34-37.

Pour sa trop grand vertu bruslé en[166] ses propres feux,
Et d'elle mesme il fist la palme triumphante $.

$$

[62v°]

Si les eaux que mes yeux de la source plus nette
De mon ceur font couler, pour suyvre les torrans
Que sur vostre blanc sein je voy çà là courans
Quand des vostres, de vous le dur sort je regrette,
Si dis-je de mon vers la veine toute moete
Peult de vos grans ruisseaus adoucyr les courans,
Comme un peu d'eau du ciel or des vens les plus grans
Abat et de la mer rend la vague muette.
Helas ! quelle douceur auray je en mes douleurs,
Plus que ses larmes d'or chers me serez mes pleurs
Q'un ciel trompeur versa pour charmer une Dame.
Son pleur rioit en l'or pour puis la decevoir joie en avoir[iq]
Mais mon ris en vos dueuils ne peut estre que noir
Et mon deueil en vos ris peut bien blanchir mon ame. $
redorer

$$$$$

Psalme ~~10~~ 20 [63]
de Monsr du perron[ir]

Puisse le Roy des Rois au jour que la tempeste
De mille flots armés menassera ta teste
De tes veus avoir soin !

166 Van Hamel (1903, p. 249) note à juste titre l'élision à l'italienne. Pour que l'union euphonique entre les deux éléments en présence se fasse, l'élision s'opère par le retranchement final de la première voyelle, c'est-à-dire que le son *é* se perd et se confond au son *en*. Sur l'usage italien de l'élision, voir Zanardelli, 1887, p. 205-206.

Puisse le Tout Puissant t'ombrager sous son aile,
Et du Dieu de Jacob la defense eternelle
Te couvrir au besoin. $.

Veuille le Souverain qui se sied sur la nue
De sa demeure sainte aus mortels inconnue
Son secours t'adresser,
Au port de sa faveur tenir ta nef ancrée,
Et du haut de Sion, sa montaigne sacrée,
Ton salut embrasser. $.

Soient en sa souvenance escris tes sacrifices,
Soient tournés jour et nuit dessus tes dons propices
Les raions de ses yeus,
Et de ton holocauste en tout temps pour luy plaire
Fumant sur son^{is} autel la flamme pure et claire
Vole jusques aus Cieus. $.

Daigne sa providence, ordinaire tutelle
Des sceptres et des Rois, fer^{it} voir que c'est elle
Qui t'a voulu choisir,
Couronnant de bon heur tes dessins magnanimes
Et prospere egalant leurs succes legitimes
A ton juste desir. $.

Alors plus que jamais transportés d'alaigresse
Nous sentirons changer nos longs cris de detresse
En chants victorieus,
Au temple du Seig^{r} nos veus nous irons rendre
Et d'un bras trionfant mille palmes appendre
A son Nom glorieus. $.

C'est ores, dirons nous, que son oreille saincte [63v°]
Pour jamais s'est ouverte aux accents de ta plainte,
T'exauçant de tout point.
C'est maintenant que Dieu, surmonté par nos larmes,
Prend en sa seure garde au milieu des alarmes
Le salut de son oinct.

De son palais celeste à nos cris accessible,
Il fait descendre en l'air son armée invisible,
    Prompt[iu] à le secourir.
Il fait luire son fer aux perils de la guerre
Et son sceptre ordonné pour gouverner la terre
    Dans ses mains refleurir.

Nos ennemis enflés d'esperances humaines
Vantoient[iv] leurs chariots, pesans fardeaux des plaines,
    Qui soubs eux gemissoient.
Leurs espesses forests de lances herissées
Et leurs gros[iw] hots nombreux dont les ondes pressées
    Les fleuves tarissoient.

Mais nous[ix] foulons aux pieds toutte mortelle audace
Du Seigneur pour secours nous implorons la grace
    Et n'esperions sinon
Aux forces que le Ciel nous avoit preparées
Sans coignoistre au besoin d'armes plus asseurées
    Que l'ombre de son nom.

Aussy nos yeux contens ont veu tomber sur l'herbe
Le sacrilege orguil de leur troupe superbe,
    Des vautours le repas,
Et nostre foible nombre avec veus et louanges
Se charger sur le champ de despouilles estranges
    Rouges de leur trespas.

Puisse ceste faveur, o Monarque supreme, [64]
Sans fin accompagner le sacré diademe
    De nostre juste Roy,
Destourner de son chef touttes pointes meurtrieres,
Et nous rendre exaucés au jour que nos prieres
    S'adresseront à toy.

PARAPHRASE DU Pseaume[iy]
de Monsr. bertaut[iz]

Heureux hostes du Ciel, sainctes legions d'anges,
Guerriers qui triomphés du vice surmonté,
Celebrés à jamais du Seigneur les louanges
Et consacrez vos chants au los de sa bonté[ja].

Soleil dont la chaleur rend la terre fœconde,
Lune qui de tes raiz emprunte la splendeur[jb],
Lumiere, l'ornement et la beauté du monde,
Chantez[jc], bien que muetz, sa gloire et sa grandeur.

Tesmoigne sa puissance, o toy voulte azurée
Qui de mille yeux ardans as le front esclaircy,
Et vous grands arousoirs de la terre alterée,
Nuaux[jd] dont le corps rare est en pluye espaissy,

Car d'un si grand[je] ouvrier le dire estant le faire,
Sa parole d'un rien le monde il compassa[jf],
Et tout ce qui l'enferme[jg] en l'une et l'autre sphere
Est l'œuvre d'un seul mot que sa voix prononça[jh].

[64v°]

Il a prescript des loix à la Nature mesme
Qu'en tremblant elle observe et craint d'outrepasser,
Puissance ny[ji] grandeur, sceptre ny dyademe,
Immortel ny[jj] mortel ne s'en peult dispenser.

Chantez le doncq aussy, vous enfans de la terre,
Qui, composez de cendre, en cendre revenez[jk],
Soit vous que l'ocean dans ses vagues enserre,
Soit vous qui librement par l'air vous pourmenés.

Beny son saint honneur dans[jl] tes eaues profondes,
Monstre[jm] qui dans ton sein peux les nefs abismer,

Et faites retentir son nom parmy les[jn] ondes,
Gouffres qui vomissés mille mers en la mer.

Foudroyants traicts de feu que sa dextre[jo] descoche
Quand faisant icy bas mille flammes pleuvoir,
Vous trenchez[jp] en fureur la teste à quelque roche
D'une tremblante[jq] voix tesmoignez son pouvoir.

Fay-le[jr] bruyre aux torrens des vallons que tu laves,
Neges qui vetz les champs[js] d'un blanc et froid manteau,
Et toy, gresle automnalle[jt], et toy, glace qui paves
Au pesant chariot le sentier[ju] du batteau.

Orageux tourbillons qui portez les naufrages
Aux vagabonds vaisseaux et[jv] tremblants mathelots,
Courriers de son vouloir vers[jw] ses moindres ouvrages,
Semez[jx] par l'univers la grandeur de son los.

Faites-la dire aux bois dont vos fronts se couronnent,
Grands monts qui comme rois les plaines maistrisez,
Et vous, humbles couteaux, où les pampres foisonnent,
Et vous, ombreux vallons, des nymphe[jy] arrousez.

Feconds arbres fruictiers, l'ornement des colynes, [65]
Cedres qui vous rendez[jz] geans entre les boys
Tant vos sommets agés vont fuiant leurs racynes[ka]
Chantez-les sur les vents qui vous servent de voix.

Animaux qui paissez la playne verdoyante,
Et vous que l'air supporte, et vous qui serpantans
Vous trainez apres vous d'une eschine ondoyante,
Naissez, vivez, mourez sa louange exaltans.

Chantez-la d'une voix que nul soing n'interrompe,
Grands roys entre[kb] son peuple assis comme en son lieu,
Et vous fiers potentats qui plains de vayne pompe,
Estes dieux sur la terre et terre devant Dieu.

Peuples nés entre nous, peuples de terre estrange,
Faittes ouir son nom aux rochers les plus sourds,
Hommes, femmes, enfans, donnés à sa louange,
Le matin, le mydy, le soir et[kc] vos beaux jours.

Vous qui[kd] la fleur de l'aage aux voluptez convie,
Vous qui pressez des ans[ke] et ja prests à[kf] sortir,
Touchez d'un pied tremblant les portes[kg] de la vie,
Faites son nom sans cesse en vos chants retentir.

Bref, que tout genre d'estre et tout sexe et tout aage,
Benisse le Seigneur ses biensfaits racontans
D'un stile[kh] si conforme aux plaisirs[ki] du courage,
Que se taysant la voix, le cœur l'aille chantant.

Car il est l'esprit seul en qui vit et respire
Tout estre ou non visible ou visible à nos yeux
Et le seul Roy qui tient d'un eternel empire
Le throsne de sa gloire eslevé sur les Cyeux.

Alors que tout flambant d'une lumiere saincte [65v°]
Il a faict en triomphe assoir sa Majesté[kj],
L'univers se prosterne en reverence et crainte
Et nul aussy[kk] n'en peut supporter la clarté.

De là sont envoyés devers sa troupe esleue
Ses merveilleux secours qui la sauvent des fers,
De là partent ses loix de puissance absolue,
Qui font trembler le Ciel, la terre et les enfers.

Soit à jamais sa gloire en vostre[kl] ame adorée,
Soit[km] son nom à jamais dans vos chants celebrés,
Soit le nom[kn] de son los d'eternelle durée
Mesme apres l'univers en pieces desmembré.

Que le sceptre eternel dont si sainct et si juste
Il regit tout le monde et le renge à ses loix,
Voie au sacré pouvoir de sa grandeur auguste
Rendre hommage eternel les peuples et les roys.

Et luy qui tout puissant au sort mesme commande,
Vueille de nos[ko] ennuis accourcir la longeur,
Delivrant de tourment l'humble et fidelle bande
Qu'un soulcy paternel loge pres de son cœur.

FIN

SETANCES de Monsr bertaut[kp] [66]

Qu'on ne m'acuse point d'aller idolatrant
Ces beaux yeux dont le trait, en mon cœur penetrant,
Donne si douce plaie[kq] à mon ame meurtrie,
Car, estans leurs effets plains[kr] de divinité,
Ne les adorer point est[ks] plus d'impieté
Que de les adorer ce n'est d'idolatrie.

Et qui n'adoreroit les traits de ces beaux yeux,[kt]
La supreme beauté qui gouverne les Cieux,
Et la nature humaine et l'essence angelique
Dont ils sont aussy bien les images vivans
Qu'es grands marbres d'Egypte en pointe s'elevant,
La figure d'un oeil estoit hieroglifique[167].

C'est en eux que l'amour donne à lire aux esprits
En des lettres de feu ce qu'il veut[ku] estre apris
De toutte ame fidelle à ses loix asservie ;
En eux les doux refus sont meslés aux desirs,
Les attraits aux desdains, les peines aux plaisirs,
Et l'espoir à la crainte et la mort à la vie,

Eslevant le courage et l'esprit d'un amant,

167 Sur l'intérêt que les humanistes portent aux hiéroglyphes égyptiens, voir Millet, 2012, p. 263-276. Ce n'est peut-être pas surprenant que Bertaut supprime dans les éditions tardives de sa poésie une référence à la sagesse païenne des Égyptiens, aux obélisques et à l'œil d'Horus.

Ils font que sa pensée, aux vertus s'animant,
Volle à tout heure au Ciel sur des aisles de flammes,
Et comme en accordant des humeurs les discords,[kv]
L'ame est un feu divin qui donne vie au corps,
Aussy sont ils un feu qui donne vie[kw] à l'ame.

Aussy sont ce les yeux qu'amour souloit porter,
Et qu'au front de madame il fit luy mesme enter,
Quand les dieux à l'envy[kx] la formerent sy belle,
Car il eust tant d'espoir qu'avec telle[ky] vertu
Elle releveroit[kz] son empire abatu
Que pour regner par elle il s'aveugla pour elle.

Rien ne defend une ame encontre leurs attraits, [66v°]
La victoire est certaine aux moindres de leurs traits,
Fusse au plus grand des dieux. Ils[la] menassent la guerre,
La liberté s'anfuit de devant leurs regards,
Et croy[lb] que sy par tout ils elançoient leurs dards,
Ils l'yroient à la fin banissant de la terre.

Mais les communs subjets leur estant à mespris,
Ils ne[lc] daignent blesser que les divins[ld] esprits,
Ny brusler de leurs feus que les ames royales,
Imitant le soleil, cest œil de l'univers,
Qui ne daigne allumer de tant d'objets divers
Que le lit du Phoenix ou le feu des Vestales.

Et c'est[le] en quoy mon cœur se trouve tant[lf] heureux
Qu'indigne de se[lg] voir mis en cendre par[lh] eux,
Et pourquoy tant de gloire en mourant l'accompaigne,
Comme un humble buisson se tiendroit honnoré,
Si de ce mesme feu[li] il estoit devoré,
Qui ne brusle[lj] le chef qu'aux grands pins des montaignes[lk].

Las ! je porte en l'esprit l'eternel sentiment[ll]
De mon indignité comme un aspre tourment[lm]
Qui fait que mon penser voit sa joye imparfaitte,

Dolent que la victoire aquise sur mon cœur
N'est aussy glorieuse à cest oeil mon vaincœur
Qu'est à moy son vaincu ma perte et ma defaitte.

Que ne[ln] m'eust esté d'heur que ces[lo] feux allumez
Eussent de mon esprit les deffauts consommez,
Purifiant le temple où leur image habite,
Ou[lp] si lors que mon cœur osa si bien choisir,
Le ciel qui me donna[lq] l'audace du desir
M'eust donné quand et quand les graces du merite.

Toutesfois si jadis les lieux du foudre attains[lr] [67]
Estoient des anciens reverez comme saints
Et decorez d'autels fumans de sacrifices,
Quelle loy me defent d'aller aussy croiant
Que ces beaux et doux yeux ont en me foudroiant
Purifié mon cœur de defauts et de vices.

O beauté sans pareille, honneur de l'univers,
Dont le Ciel m'a permis de fayre par mes vers
Que jamais le renom soubs la tombe ne dorme,
C'est de vous, c'est de vous que mon affection
Maintenant reçoit l'estre et la perfection ;
Elle est vostre matiere et vous estes la forme.

Ainsi rare beauté comme l'estre parfait
De la forme des Cieux est la cause que fait
Que la corruption de leur corps est bannie
Aussy sera ce vous qui d'en estre contant
Irez de mon amour le desir arrestant,
Et rendrez desormais sa durée infinie.

FIN

Chanson[ls] [67]

C'est bien force, o mon cœur, que tu sois consumé
Puis que de tant d'assauts ta[lt] vie est combatue,
Et que du doux flambeau par ma mort allumé[lu],
La presence me brusle et l'absence me tue.

Car quel dieu favorable et propice à mes vœux
Me peut fayre esperer que ma peine[lv] finisse
Si contraint[lw] du destin je ne puis ny ne veux
Me sauver de la mort[lx] qu'en courant au supplice ?

Craignant d'estre en absence[ly] estoufé de mes pleurs, [67v°]
Je cours vers ces beaux yeux qui m'ont embrazé l'ame ;
N'est ce pas en fuyant et cerchant mes[lz] douleurs
De peur de me noier, me jetter dans la flamme ?

Helas ! il paroist bien qu'un[ma] estrange poison
Rend fatal et mortel l'amour qui me possede
Puis qu'au lieu d'en[mb] chercher et trouver guerison,
Le changement de[mc] mal me tient lieu de remede.

Mais que me serviroit que le Ciel m'eust permis[md]
De donner guerison à mon ame blessée,
Mon mal m'est agreable et tiens pour ennemis
Ceux qui s'efforceront de guérir ma pensée.

Non, non, vive sans fin mon amoureux soucy[me],
Nul bon heur sans amour ne suit la vie humaine[mf],
Ceux qui cessent d'aymer, cessent de vivre aussy,
Ou vivent sans plaisir, pensans vivre[mg] sans peine[mh].

[68] feuille blanche

Ignea quid mixtis mirum fluit unda favillis ? [68vº]
Haec lachrimis ardet mixta favilla meis
Arserat hæc lachrimis mixta favilla meis[168].

Mais grans dieux ! Qu'ay je faict, quelle est donc mon
offence[169] ? [69]
Quel crime, quel peché vous a tant irrité
Que desja par deux fois vostre ciel m'ait osté,
Jalouzement[mi] cruel, mon unique esperance.
Que ne me laissiés vous en ma libre ignorance !
Suis je ycy venu voir ce soleil de beauté
Pour en perdre aussi tost l'agreable clairté,
Et trouver aussi tost ma mort que ma naissance ?
Hé ! pouvés vous douter, grans dieus, si j'ayme fort ?
Souvenés vous un peu qu'en despit de la mort,
Vous avés veu mes feux sur l'onde stigienne.
Que feroit l'occean aux prix de ceste horreur ?
Non, je veux qu'il tarisse au chaud de mon ardeur,
E puis qu'un autrefois à l'amour il se prenne.

$

Esprits ambitieux qui jadis par le monde
Laissastes de vos ans un riche souvenir,
Qui pensiés qu'à vous seulz devoit apartenir
La conqueste du ciel, de la terre et de l'onde.
Toy qui forças d'enfer la caverne profonde,

---

168 Trad. : Quelle vague ardente s'écoule, merveilleusement confondu à des cendres ? / Confondues avec mes larmes, ces cendres brûlent. / Confondues avec mes larmes, ces cendres se sont consumées. // Ces trois phrases sont placées en bas de la page. Le troisième vers a peut-être été ajouté par une autre main. On notera tout particulièrement la manière dont la lettre l est formée et le fait que les lettres sont légèrement plus grandes que celles des deux premiers vers. Van Hamel propose d'attribuer ce troisième vers à Louise de Coligny, notant des similarités entre cette écriture et celle de sa correspondance (Van Hamel, 1903, p. 250). Il est vrai que les l se ressemblent, mais rien n'indique que Louise connaissait le latin et encore moins qu'elle maîtrisait suffisamment cette langue au point de jouer avec et sur les mots comme on le voit dans ce tercet. Voir à ce sujet son échange avec Jules César Scaliger en avril 1606 (Coligny, 1887, p. 226-229).

169 À propos de ce poème, voir l'Introduction, p. 17.

Pour la Royne des mors entre tes bras tenir[170],
E toy qui ozas bien amoureux devenir
De celle que Jupin fist la Royne du monde[171].
Esprits, on m'a conté que vous souffrés là bas
Mille tourmens divers apres vostre trespas
Pour avoir tant ozé qu'aux deesses vous prendre,
Mais dittes à ceux là qui vous font tourmenter
Qu'ilz peuvent bien pour moy des tourmens inventer
Car plus que vous encor il me fault entreprendre.

$ Εσυ Τον Τιμωρια μενος[172] $

$

Sur une bague de verre noir [69v°]

Ce rond l'honneur du ciel, cet eternel modelle,
Sans naistre et sans finir, marque d'eternité,
Ceste image du monde avoit bien merité
Qu'un monde non un vers je donnasse au lieu d'elle.
Beau cercle, le portrait de l'essence immortelle,
En tous sens tout parfaict, tableau de verité,
Et qui tousjours sur toy roulant as imité
Du vertueux labeur la loy continuelle.

170 Allusion à la légende de Pirithous, dont parle Charon dans *l'Ennéade* de Virgile, livre 6, l. 393-399 : « […] je n'ai pas eu à me réjouir, d'avoir accueilli à leur arrivée ici sur le marais […] Pirithoüs, […] [qui a] tenté d'enlever notre souveraine [Proserpine] à la couche de Dis ». Pirithoüs, lié à un rocher, subit les tourments des Furies.

171 Allusion à Ixion qui est tombé amoureux de Junon, Lucien de Samosate, *Dialogues des dieux* 6 ; Jupiter condamne Ixion à une punition éternelle attaché à une roue qui tourne incessamment dans le Tartare.

172 Trad. : Vous le punissez ; vous vous vengez de lui. La vengeance que Dieu rendra aux ennemis des huguenots est un thème très fréquent dans leurs écrits. Voir le Cantique faict par Monsr. de Maison fleur Apres le Massacre de Paris fait à la saint Bertelomy, *passim.* et l. 121-126. Ils s'inspirent de *l'Épître de St. Paul aux Romains* 12 : 19 et de *l'Épître de St. Paul aux Hébreux* 10 : 29, avec les *Commentaires de Jehan Calvin sur le Nouveau Testament*, (Calvin, 1885, t. III, p. 224-227 et t. IV, p. 478 – 479).

Si ton verre noircy ne respond à ma foy
Qui blanche en son ardeur luit plus claire que toy,
Et qui fille du feu s'affermist dans la flamme,
Je ne lairray pourtant, beau rond, de t'adorer,
Pour signe que l'amour que j'ay gravé dans l'ame
Vray, parfaict, et constant, doit à jamais durer. $

$

$ Imitation de Petrarque $ [70]

Esperer sans sçavoir ce qu'on n'oze entreprendre,
Sans ailes desseigner un vol ambitieux,
Estre en terre et vouloir se guinder dans les Cieux,
Et du Ciel ycy bas saulter non pas descendre.
Estre pris et vainquu et vouloir vaincre et prendre,
Estre foible et vouloir deffier tous les dieux,
Ozer voir le soleil et puis perdre les yeux,
Parler de liberté et esclave se rendre.
Avoir la glace au front et le feu dans le cœur,
Rechercher les tourmens et plaindre la rigueur,
Ne se plaire qu'à voir et maudire la veue,
Sembler tousjours oyzif et avoir un desseing,
Avoir la vie à l'œil et la mort dans le seing,
Belize, c'est le fruict de vous avoir trop veue.

$

Peintre, pour imiter au vif ceste Princesse
Il fault que ton crayon se guinde dans les Cieux,
Et qu'il tire hardi les plus beaus traits des dieux,
Aussi bien te fault il pourtraire une deesse.
Imite moy la fleur d'une belle jeunesse,
La taille de Junon, ses sourcilz et ses yeux,
Fais encor de Venus le rire gratieux,

8 Et du Latonien[173] la blondoyante tresse.
Peins encor de Pallas la douce majesté,
Son front riche d'honneur, la foy, la chasteté,
11 Fais des graces au coup toute la grace ensemble,
Prens de l'aube le teint et y mesle du lait,
De Diane la bouche et adjouste un œillet,
14 Puis je confesseray que cela luy ressemble.

\$

Peintre tu as gaigné, si tu la tires mieux.
Elle mesme en mon cœur se grava de ses yeux.

\$

Son cœur n'est plus un cœur, c'est une froide lame, [70v°]
Glaçon de tous les feux qui l'ozent approcher,
Tu decoches en vain, foible petit archer[174],
4 Nul de tes traits dorés son estomac n'entame.
Elle est sans passion, sans amour et sans ame
Immobile en soy-mesme ainsi que le rocher
De qui le chef cornu, la frayeur du nocher
8 Brave les flos, les vens, Jupiter et sa flamme.
N'importe ! il fault perir ou joindre, audacieux,
Aux flancs de cet ecœuil mon vaisseau hazardeux.
11 Qui sçait s'il souffrira l'ardeur de mon courage ?
J'auray pour le forcer, Aeole[175] en mes souspirs
En mes pleurs l'occean, la foudre en mes dezirs.
14 Et pour espoir au moins, un glorieux naufrage.

\$

x Qui sçait s'il se fondra au feu de mon courage x[mj]

173 Apollon, fils de Latone, dieu du soleil.
174 Cupidon.
175 Aeole = Éole, maître et régisseur des vents dans la mythologie grecque.

Sur une Devize [71]
Feu, Sans Fumée[176]

$ λλ $[177]
Ces feus, miracles de nos yeux,
La nuict qui brillent dans les Cieux,
Ardans d'une belle lumiere,
S'animent d'un vif mouvement
Et de soy vivent seulement,
Sans cors, sans object, sans matiere.
$ λλ $
Quand Jupin[178], las de nous ouir,
Quelquefois pour se[mk] resjouir
Ches luy les autres Dieux convie,
De rang dans l'azur des planches,
Ils sont à clous d'or attachés
Pour honorer la compaignie.
$ λλ $
Puis quand chacun se veult coucher,
On les voit au devant marcher
Des Dieux qui ayment cest office ;
Et voila pourquoy chacun d'eux
Prent le nom de chacun des Dieux
Ches lequel il est en service.
$ λλ $

176 Van Hamel n'a pas pu identifier la source de cette devise (1903, p. 253). Louise avait apparemment comme devise « Adven » (i.e. « Adveniat regnum tuum »). En Octobre 1595, elle avait écrit dans *l'Album amicorum* de Cornelius van der Myle « Coelum non solum ». Voir Coligny, 1887, p. LXXIII. Dans les milieux protestants, l'expression « feu sans fumée » décrit la foi authentique : « Dieu tout vrai n'aime point tant de feintes douleurs / … / Il esprouve par feu mais veut l'ame enflammée / d'un brasier pur et net et d'un feu sans fumée. » (Aubigné, *Les Tragiques*, [1630], p. 75). Sur la vogue des devises ou *imprese* (=entreprise, dessein) à la fin du XVIe siècle et pour une définition du genre, voir Tristan, 1981.

177 Fermesse huguenote + λλ entrelacés (l'initiale de Louise en grec) dont Louise de Coligny se sert souvent en signant ses lettres.

178 Jupiter.

L'un se donne au blond Delien[179],
L'autre sert le Saturnien[180],
L'autre son pere[181], et l'autre encore
Suit la deesse de l'amour,
Mercure ou Diane à leur tour,
Un autre le guerrier adore.

$ λλ $

Il ne fault point pour les nourrir, [71v°]
Foibles, qu'on les face courir
Du long d'une torche allumée,
Ou qu'un bois ou qu'une liqueur
Retienne leur mourante ardeur
Dedans sa substance enfermée.

$ λλ $

Leur flambeau qui n'est point mortel,
Ne s'atyze de rien de tel,
Leur subtil la matiere n'ayme,
Le parfaict de leur element,
N'ayant que faire d'aliment,
Sans se decheoir vit de soy-mesme.

$ λλ $

Aussi pour toute leur vapeur
Ils n'ont qu'une douce lueur,
De qui la secrette influence
Se faict bien sentir sans se voir,
Employant son divin pouvoir
Dès les heures de la naissance.

$ λλ $

Or[ml] quand pour distinguer nos jours
Ils font leur ordinaire cours
Par leur carriere acoustumée,
On les voit bien rouler la haut,
On sent bien ycy bas leur chault,
Mais on ne voit point de fumée.

---

179 Apollon, dieu du soleil, né à Délos.
180 Saturne, dieu du temps et de l'agriculture, père de Jupiter.
181 Uranus, ou Ouranos, père de Saturne, dieu du ciel.

$ λλ $

Mon feu, vif, Immortel et sainct, [72]
Qui à rien de mortel n'attainct,
Qui rien de mortel ne souspire
Pour entretenir son flambeau,
N'ayant que soy rien de si beau,
Rien que soy-mesme ne desire.

$ λλ $

Son ardeur ne s'empesche pas
Si pour s'empescher du trespas
Elle se paistra d'esperance.
Brave, il n'a pas peur de mourir,
Ches soy-mesme il a son nourrir,
Il est soy-mesme sa substance.

$ λλ $

Ainsi la flamme qu'il retient,
Et qui de son estre luy vient,
Estant de soy-mesme allumée
Sans vœu, sans vouloir, sans dezir,
Sans esperance, sans playzir,
C'est un feu qui luist sans fumée.

$ λλ $

Mais comme ses astres roulans
Guident leurs feus etincelans
Au gré d'un dieu qui leur faict faire,
Le mien, comm' eux faict tout ainsi,
C'est pour vous qu'il s'allume icy,
S'il luist, ce n'est que pour vous plaire.

$ λλ $

Ou soit que sur vostre oreiller [72vº]
Au soir avant que vous coucher sommeiller
Seule vous charmiés la tristesse
Soudain à travers le rideau
Vous verrés naistre ce flambeau
Qui viendra veiller sa maistresse.

$ λλ $

Ou soit que vous veuilliés choyzir
Le temps d'un plus libre loyzir
Dans le cabinet enfermée,
Sur vous il viendra sauteler,
Comme on voit l'esté dedans l'ær
Sauter une estoille enflammée.

$ λλ $

Ozai je bien, ambitieux,
À ces feux qui parent les Cieux
Comparer ma foible estincelle ?
Oui, je l'oze et pour vous flambeaux
Ces vers je n'eusse faict si beaux,
Croyés moy : c'est pour l'amour d'elle.

$ λλ $

Puis que celle à qui sont mes feux
Deesse n'est moindre que ceux
À qui les vostres font hommage,
Si j'en crains la comparayzon
Qui n'a pas faulte de rayzon
Est ce pas faulte de courage ?

$ λλ $

Astres, si un hiver noircy [73]
Avoit vos lampes obscurcy
De quelque vapeur plus grossiere,
Vous viendriés sans force et sans jour
Honteux courtyzer mon amour
Pour emprunter de sa lumiere.

$ λλ $

Vous avés cecy plus que moy,
Astres, car la fatale loy
De vostre infallible influence
Peust sur nous dès nostre berceau,
Et j'ay peur que jusqu'au tombeau
Mon feu brulera sans puissance.

$ λλ $

Race des ducs gaulois, Princesse dont la gloire[182]
Sera le saint émail qui dorera mes vers,
De qui le sacré nom porté par l'univers
Doit estre de nos ans la plus belle memoire.
Tes yeux, divine ardeur, Princesse, m'ont faict croire
Qu'ainsi qu'à l'Ascrean[183] de lauriers tousjour verds,
La Muse à mon reveil m'a les temples couverts,
M'enyvrant du ruisseau qu'à Parnasse on va boire.
Ce vieux Caton françois de qui j'ai pris naissance,
En son temps honora la perle de la France
De mille beaux escrits que pour elle il conceut.
Moindre en grandeur que lui mais non pas en courage,
Si j'adore en mes chans le soleil de mon aage,
J'ai le nom, la fortune et la fureur qu'il eust.

[73v°] feuille blanche

Belle, cause de mes douleurs[mm], [74]
en qui je vis, pour qui je meurs,
tourment de mon ame insensée,
Pourquoy des yeux de vostre esprit
ne lisez vous en ma pensée
ce que vostre amour y escrit ?

182 Van Hamel attribue ce sonnet à Michel Hurault de l'Hôpital (mort en juin 1592), seigneur de Belesbat et de Foy, petit-fils du chancelier Michel de l'Hôpital, second fils de Robert Hurault et de Madeleine de l'Hôpital, époux d'Olympe du Faur, la fille de Guy du Faur, seigneur de Pybrac (voir Moreri, 1759, vol. 6, p. 85-86). Van Hamel remarque que le chancelier est souvent associé à Caton (van Hamel, 1903, p. 254). Dans sa *Correspondance* (p. 31), Louise de Coligny relate avec enthousiasme la visite du seigneur de Foy à Middelbourg en avril 1586. Le poème aurait donc pu être inclus dans l'album à ce moment-là. Le poème précédent, « Sur une devise Feu, sans Fumée », est de la même main ; les feuillets 69, 69v°, 70 et 70v° sont d'une main qui y ressemble assez pour que l'on puisse en conclure qu'ils sont également de cette main.

183 Hésiode a grandi dans la ville d'Ascre en Boëtie, d'où le nom d'Ascrean que lui attribuent les poètes de la Pléiade. Voir à titre d'exemple Ronsard, *Premier Livre des Amours*, CLXVI, vv. 1-4 : « Pendant, Baif, … / Et qu'à longs traits tu t'enyvres de l'onde / Que l'Ascrean entre les Muses but : » (Ronsard, 1993, p. 112).

Tant de soupirs en vain tirés
du fond de mes flancs et ulcérés
touchent ils point vostre courage ?
pouvez vous bien sans amitié
fermer à ce triste langage
les oreilles de la pitié ?

$

Mes yeux assés[mn] vont discourant
que pour vous je me vais mourant,
douce sorciere[mo] de mon ame,
helas ! c'est dire[mp] trop peu
qu'avec des paroles de flame
faire une[mq] harangue de feu.

$

Je dis mon mal en le taisant
d'un artifice mal plaisant,
toutesfois remply d'excellence,
car au discours de ma langueur,
tout ce que ma langue commence
est parachevé de mon cœur.

$

Amour, Prince des volontez, [74v°]
le plus grand des divinitez,
le premier des intelligences,
a ses[mr] mouvemens tout[ms] parfaitts,
ses[mt] actions sont des substances,
et ses[mu] paroles des effets.

$

Se destruyre dedans vos yeux
et suivre l'objet en tous lieux
de vostre presence adorée,
sans vous, estre sans mouvement,
quelle eloquence mesurée
peut parler plus disertement ?

$

Ne pouvoir durer sans vous voir,
Nul plaisir sans vous recevoir,

ne vivre qu'en vostre parole,
en vous seule avoir son repos,
un vray amour en son escole
n'enseigne point d'autres propos.

$

Helas ! souvent durant l'effort
du mal qui me traine à la mort
je vous veus dire ma tristesse,
mais une aymable gravité,
au lieu d'asseurer ma foiblesse,
estonne mon indignité.

$

Un esprit d'amour animé [75]
et en parole transformé
souvent sur ma levre s'avance,
mais cette douce emotion
ne peult, estant toutte puissante,
estre reduitte en action.

$

Non, non, c'est asses discouru
un mal qui n'a que trop paru,
aussy bien seroit il estrange
d'estre dict sans sucre ny miel ;
on ne doit qu'en language d'ange
proferer les choses du Ciel.

$
$ $
$

[75v°] feuille blanche

CANTIQUE FAICT PAR Monsr. de Maison fleur Apres le Massacre de Paris fait à la saint Bertelomy 1572[mv] [76]

Toutes nos voix, faites plaintes,
Toutes nos lampes estaintes,
Tous nos temples demolis,
Toutes nous faces trempées[mw],
Nos Eglises dissipées
et nos presches abolis[184].

$ $ $ $

Toutes nos maisons volées,
Toutes nos loix violées,
Tous nos autelz[mx] abatus,
Tous nos livres mis en cendre[185],
Tous nos cœurs prestz à se[my] rendre,
Et[mz] nos esprits combatus.

$ $ $ $

Nostre coronne tombée,
Nostre joye desrobée,
Nostre or obscur devenu,
Nostre argent meslé d'escume,
Nostre vin[na] plain d'amertume,
Nostre bon droit retenu.

$ $ $ $

Nos lits et nos chambres veufves,
nos bois, nos champs et nos fleuves

184 Les édits promulgués au temps des guerres de Religion veillent à ce que l'exercice du culte protestant demeure sous l'étroite suveillance de la royauté, d'où l'interdiction des assemblées privées où pourraient se faire prêches en dehors des endroits désignés. Sur ces édits, voir Stegmann, 1979.

185 La Bible ne fut jamais mise à l'Index des livres prohibés mais tout au long du XVIe siècle, l'Église catholique chercha à décourager l'accès des laïcs aux Saintes Écritures en langue vernaculaire et leur lecture sans l'intermédiaire du Magistère. Pour une vue d'ensemble sur la position des Églises à l'égard de la lecture de la Bible et les traductions en langues vernaculaires, voir Bedouelle et Noblesse-Rocher, 2008.

Rougis du sang[186] espandu,
sans crier crient vengeance[nb]
dans le bruit de leur silence
des laqs qu'on leur a tendu.

D'une cruauté nouvelle[nc], [76v°]
Ta Jerusalem fidelle
est la proye et le butin,
Et Sion, ton heritage[187]
est demembré par la rage
d'un cruel peuple mutin.

$ $ $

Leurs cruautez excessives[nd]
ont bordé toutes nos[ne] rives
des corps mors de tes eleuz,
de[nf] leurs lames criminelles,
dans le sang de tes fideles
Ils ont les tranchans pollus[ng].

$ $ $

Sortant comme de leurs ruches[nh],
Ilz ont dressé leurs[ni] embuches,
puis dans[nj] leurs cœurs ils ont dit :
« Tuons tout ! C'est la journée
qui nous estoit destinée
pour tuer tout dans le lit ».

$ $ $

Alors comme bestes brutes[nk]
Nous faisans servir de butes
à leurs despits inhumains,
en mille sortes honteuses,
sur ces[nl] ames precieuses
Ilz ont estendu leurs mains.

186 On retrouve fréquemment chez les poètes huguenots cette image du sang ainsi que la couleur rouge, symboliques de la violence qui déchire la France au temps des guerres de Religion. Voir à titre d'exemple Aubigné, *Les Tragiques* et Dauphiné, 1976, p. 55-66. Sur le retour obsessionnel de l'image du sang, voir les strophes 6, 9, 14 et 16.

187 Le Mont Sion, résidence de Dieu. Le poète veut montrer qu'en s'attaquant aux huguenots, c'est à Dieu lui-même que les impies s'en prennent.

$ $ $
Par fer, par sang, par carnage[nm]
par feu, par meurtre, et par rage[nn],
dans leurs fureurs[no] transportés
d'un esprit demoniaque[np] [188],
saccageans ton Tabernacle, [77]
ils ont tes biens emportez.
$ $ $
Parmy tant d'aspres souffrances[nq],
A tes divines vengences
Nous avons recours, Seigneur,
Las ! voudrois tu bien permettre
Tant de meurtres se commettre
aux despens de ton honneur ?
$ $ $
De l'air se nourrist le monde[nr],
le peuple escaillé[189] de l'onde,
et la mouche à miel, de fleurs,
le beau printemps, de verdure,
les animaux, de pasture,
Et l'homme affligé, de pleurs.
$ $ $
La terre seiche arrosée[ns]
par l'humeur de la rosée
Nourrist ses aspres croissans ;
le fidele en sa destresse
se nourrist de la promesse
que Dieu fait à ses enfans.
$ $ $
Verse, o Dieu, pour les destruire[nt]
Les phioles pour les de ton ire
sur ces[nu] mutins enragiez
qui, en leurs forceneries,

188 Dans d'autres éditions, le mot s'écrit *demoniacle* pour justifier la rime avec *tabernacle*.

189 Ce type de périphrase fut mise à la mode par la Pléiade et tout particulièrement cultivée par Du Bartas. Voir entre autres *La Sepmaine, ou Creation du Monde*, Le premier jour, vv. 35-36 (Du Bartas, 1582) : « [...] les bandes écaillées / N'entrefendaient les flots [...] ».

Au pressoir de leurs furies
ont tes esleus vendangiez[190].
$ $ $
Pour venger sur eux ta gloire[nv],
donne leur du sang à boire,
Puis que leurs sanglantes mains [77v°]
en leurs vengences couvées
Rouges se[nw] sont abreuvées
dedans le sang de tes saints.
$ $ $
Quand le peuple isralite[nx]
fut par son Roy mis en fuyte[ny][191],
ce fut un signal expres
De sa future ruine
qui par vengence divine
Luy avint bien tost apres[nz].
$ $ $
Puis que les tirans de France[oa]
dans le sang de l'innocence
vont leurs mains ensanglantans,
c'est bien un indice extreme
qu'il leurs en prendra de mesme
Avant qu'il soit peu de temps.
$ $ $
Le peuple d'une province[ob]
ensuit le mœurs de son prince ;
quand, prompt à mal, il le voit,
A mal faire il s'esvertue.
Jamais la verge tortue
ne peut faire l'ombre droit.
$ $ $

---

190 Cette référence aux vendanges divines (puisée dans Isaïe, LXIII, 3 ou encore Lamentations, I, 15) et l'idée que la justice divine finira par triompher à la fin des temps, développée ici dans plusieurs strophes, fait penser aux *Tragiques* d'Aubigné (voir par exemple la fin des *Princes* ou encore *Jugement*). Sur le jugement ultime et la perspective apocalyptique, voir Regosin, 1966 et Forsyth, 2005.

191 Exode 1, 1-21 et 13, 17-22. Les Réformés voient dans les persécutions dont ils sont victimes une épreuve divine et comparent leur sort aux tribulations du peuple d'Israël.

Paris seul fust la ruine[oc]
de Troye nostre origine[192],
Aussy face à[od] cette fin
que par Paris France meure
Avant qu'il passe peu d'heure
Paris seul sera sa[oe] fin.

$ $ $

Helene, femme estrangere[of], [78]
fut fort bonne[og] mesnagere,
elle destruit le Troyen[oh][193].
Catherine florantine[oi]
est de France la ruine
suivant l'oracle ancien[oj][194]

$ $ $

Fleuve de Seine qui mouillés[ok]
les precieuses despouilles
de tant d'esprits bienheureux,
ne donras tu pas sentence
Au grand Jour de la vengence
d'un acte si malheureux.

$ $ $

Quant à moy je prophetise[ol]
que le chef de nostre Esglize
qui fait là haut son sejour,
si nous avons patience,
Nous en fera la vengence
Avant qu'il soit an et jour.

[78v°-82v° : feuilles blanches]

---

192 Apparu aux VIIe et VIIIe siècles (*cf.* le *Pseudo-Frédégaire* et le *Liber historiae Francorum*), le mythe de l'origine troyenne du peuple français fut repris jusqu'à la fin du XVIe siècle. Sur les sources, la vogue et l'utilisation de ce mythe, voir Beaune, 1985 et Poucet, 2004.

193 Homère, *Odyssée*, Chant IV, vv. 271-289.

194 Comme l'indique la variante, il s'agit de l'oracle du pape Léon X, l'oncle de Catherine de Médicis. Il aurait prédit que Catherine, qu'il avait formée à l'image du *Prince* de Machiavel, causerait un jour la ruine du pays de son mari. Voir Baird, 1880, t. 2, p. 82 et [Henri Estienne, Théodore de Bèze, et Jean de Serres], *Discours merveilleux de la vie, actions & deportemens de Catherine de Medicis...*, 1575, p. 9 et 138. https://archive.org/details/discoursmerveill00esti/page/n1/mode/2up?q=L%C3%A9on, consulté le 5 janvier 2021.

LA PASCIENCE[om] [83]
À Madame Madame la princesse d'Orange comtesse de Nassau

Princesse à qui le Ciel entre mille malheurs
Pour adoucir l'aigreur de tes maux et douleurs
A donné un esprit armé de pascience,
L'autre jour je resvoi à la grande Inconstance
De l'estat de ce monde, et tant je m'esgarai
En ces miens pansemens qu'en fin je m'oubliai
Laschant bride à l'esprit qui prompt prit sa volée,
Laissant le corps transi sur la vouste etoilée,
(Je croi certainement qu'il s'envola dehors
Fasché de demourer en si fragille corps)[195].
Mais lors il se souvint de ce grant Dieu qui darde
Le foudre en son courrous luy a donné en garde[196]
Le corps foible et mortel avec commandement
De demourer chez luy en ce bas element
Jusqu'à tant que le bruit de la sainte trompette
(Qui est son seul vouloir) luy sonne la retraitte.
Mon ame lors s'en vint d'un vol comme forcé
Rentrer dedans son corps desja presque glacé,
Faschée qu'il faloit encores estre hostesse
D'un corps environné de travail et tristesse.
Alors tout estonné je ne sçai quel efroi[on]
Peu à peu commançai à retourner à moy
Mes sens estoit perduz et ma vue esblouye
N'avoit encore repris sa force defaillie
Qu'une sainte beauté se presente à mes yeus[197],
Fille, comme je croi, du grand ouvrier des Cieux.

---

195 *Topos* fréquent dans la poésie du XVIe siècle. « La mort, l'amour, la fureur poétique, le désir de connaissance ou le sommeil conduisent en effet l'âme à quitter le corps, ponctuellement ou définitivement » (Pigné, 2009, p 144).

196 Le Dieu chrétien, auquel le poète donne des attributs du dieu Gréco-Romain Zeus/Jupiter.

197 La « Pascience », figure allégorique, présentée ici comme fille de Dieu et comme sœur de la Constance et de l'Espérance (v. l. 190-191 et l. 491).

Grave estoit son maintien, grave sa contenance,
Son regard estoit doux et tout plein d'asseurance,
Il estoit humble ensemble et plain de majesté,
Il estoit gracieux et plein de gravité,
Sa demarche n'estoit à la façon humaine, [83v°]
Elle sembloit glisser comme en l'humide plaine
En un temps calme et doux les naufs on voit couler,
Comme on voit les oiseaux doucement fendre l'air
D'un vol lent et tardif, ayant l'aisle ja lasse,
Ou comme on voit glisser sur l'hollandoise glace
Les filles du pays, estonnans l'estranger
De veoir courir ensemble et voler et nager.
Ses cheveux sur le dos lui floflotoient[198] en onde,
Un tortis encercloit sa chevelure blonde
D'olive entremeslé d'un peu de vert laurier,
Monstrant un cœur trop plus pacificq'[oo] que guerrier.
Aupres de la blancheur de sa robe trainante
Le cigne meandrin[199], la neige blanchissante,
Le haut des monts perdroit le lustre et sa couleur
Tant estoit de divine et celeste blancheur.
A son col lui pendoit une targe à champ sombre
Semée hault et bas de croix blanches sans nombre
Que plusieurs traits et dards contre elle descochez
N'ayans peu transpercer y demeroient fichez.
Elle avoit en sa dextre une guirlande verte
Semblable à celle dont sa teste estoit couverte.
Elle s'adresse à moy d'un visaige riant,
Et me dit : « leve toy, leve toi, mon enfant,
Et repren tes espris, mon nom est PASCIENCE,
Fille aisnée de cil qui est la Sapience,

198 Exemple de poésie qu'on appela plus tard harmonie imitative et dont on trouve maints exemples dans *La Sepmaine, ou Creation du Monde* de Du Bartas. Sur la vogue de ce procédé, voir Monferran, 1998.

199 Le cygne méandrin : Référence à plusieurs cygnes de la mythologie, célèbres pour leur blancheur et pour leur chant. Voir surtout Ovide, *Heroïdes* VII, Dido Aeneae, 1914 : « *Sic ubi fata vocant, udis abiectus in herbis ad vada Maeandri concinit albus olor* » [Ainsi, là où le sort l'appelle, se cachant dans les herbes aqueuses, aux marges du fleuve Méandre, chante le cygne blanc].

La parolle et le filz, qui une fois livré
A la mort vous en a pour jamais delivré.
Je suis celle qui rend l'homme heureux en ce monde
(Si rien y a d'heureux en terre, en l'air, en l'onde),
Celle-là qui le rend riche en sa pauvreté
Sain en sa maladie et en prosperité,
Quant plus il est batu de la fortune adverse,
Que la fureur des Rois et la raige diverse [84]
D'un peuple mutiné se bande contre lui
Si humble il me choisit pour soustien et abry[op],
S'il prent ce mien bouclier pour sa garde et defence,
Il est hors de danger et franc de toute ofence.
Certainement il fault que les pauvres humains
A la sueur du front et le travail des mains
Passent par les destroits, parcourent les carrières,
Surmontent les sablons, traversent les fondrières,
Brossent par les forests, s'extriquent des destours
Qui font empeschement au dificille cours
De leur penible vie ; il ne leur fault attendre
Que la manne du ciel vienne sur eux descendre,
Ayans les bras croisez, et qu'aux champs le froment
Proviene non semé, et qu'encor le sarmant
Non cultivé raporte un gracieux bruvaige.
Depuis que l'homme fol de sa femme peu sage[200]
Se laissa abuser par ce fatal morceau,
Ses enfans sont chargez de ce pesant fardeau,
De peines, de travaux, d'enuys et de tristesses[201],
Et entre tous ces maux celui seul est heureux
Qui peut pasciemment suporter ses malheurs.
Celuy là n'est heureux qui en son abondance
A les espris boufiz d'orgueil et d'arrogance,
Cestui là n'est heureux qui jamais ne sentant
Le vent donner en proue est toujours malcontant,
Mais celui qui batu de tempesteus orage
Demeure pascient et ferme en son courage

200 Adam et Ève.
201 Aucun vers pour rimer avec tristesses.

Et mieux vault le contant en son adversité
Que le presumptueux en sa prosperité.
Je sçai certes qu'il est tres dur, tres dificile
D'aprendre aux fols humains cette doctrine utille,
Je sçai qu'ils veulent tous disputer curieux
Et subtils rechercher ce qu'ès plus secrets lieux
De son saint cabinet l'Éternel tient en serre.
O filz de la poussiere ! O enfans de la terre !
O statues d'argille ! O que vos cueurs sont durs, [84v°]
Vostre ame opiniastre et vos espris impurs !
Vous voulez donc sçavoir pourquoi Dieu vous chastie[202].
Hé quant vous n'auriez fait jamais autre folie
Que de trop enquerir, certes vous meritez
Un chastiment plus dur que cil que vous portez.
Mais viença orgueilleux, peut la mesme Justice
Chastier la vertu, remunerer le vice !
Peut la mesme bonté honnorer les forfaicts,
Coronner le peché et punir les bienfaicts !
Non non ! si vous sentez de Dieu la main pesante
S'agraver dessus vous, si vous voyez penchante
Sur vos chefs menacez l'horreur de son courroux,
Vous le meritez bien. Et si benin et doux
Pour un temps il vous laisse exempts de sa vangeance,
Atribuez ce bien à sa grande clemence,
Non pas à vos vertus, à sa benignité,
Bonté, douceur, non pas à vostre integrité.
Les grands desbordemens de l'adamite race[203],
Leur desobeissance, orgueil, fureur, audace
Donne à son grief courroux un sujet sufisant
D'exercer sa vangeance et son bras tout puissant,

202 La section suivante consiste en un résumé de la théologie calvinienne à propos de la souffrance. L'homme sans Dieu est coupable et mérite donc la punition. Si Dieu semble bénir le méchant et faire souffrir le bon, c'est son choix à Lui que l'être humain ne doit pas chercher à expliquer. La souffrance est une bénédiction qui attire le chrétien vers Dieu et qui l'éloigne des vanités de ce monde. Sur le caractère insondable de la volonté divine selon Calvin et la nécessité pour l'humain d'admettre tout simplement le mystère, voir Ferrario, 2009.

203 L'adamite race : les êtres humains, dont l'ancêtre est Adam, et qui sont par conséquent marqués du péché originel.

Armé de soufre et feu, de foudre et de tonnerre,
Et de ces trois fureurs, peste, famine, guerre,
Peut bien quant il luy plaist punir l'iniquité
Dont les ingrats humains blessent sa Majesté.
Toutefois comme un pere et pitoyable et saige,
Souventefois il cache et couvre son visaige
Et destourne ses yeux sur la terre fichez
Pour ne veoir des humains les fautes et pechez.
Mais j'oi gronder des chiens, des profanes Athées[204]
Qui ont les cœurs de fer et de plomb les pensées.
Ils disent que les maux, et les punitions, [85]
Que les adversitez et les aflictions
Ne tombent sur vos chefs sinon à l'avanture,
Par fortune envoyez, ou bien que[oq] la Nature
Par un cours asseuré, necessaire et contraint
Verse l'heur et malheur, et que tout est astreint[or]
Aux constellations, que les maux et desastres
Despendent de la seule influance des astres.
Car si Dieu (disent ils) libre en ses actions
Estoit le seul autheur de nos aflictions
(Lui dont le saint vouloir ne fait rien qu'en droiture
Par ordre, par compas, par moyen, par mesure),
Le peché qu'une fois tu vois estre puny,
Jamais ne demourroit en aulcun impuny
Veu qu'il n'est pas seant à sa haute justice
De moins punir en l'un qu'en l'autre l'injustice.
Mais nous voyons souvant les pervers verdissans
Comme un laurier branchu, et les bons languissans
Mattez de mille ennuis, rongez de mille peines.
Mais jusqu'à quant, ô fols, vos subtilitez vaines,
Vos disputes sans fruit, vos impies discours
Se feront-ils ouir et entendre aux plus sourds ?

---

204 Les profanes Athées : Les huguenots traitaient souvent les catholiques d'athées. Voir Agrippa d'Aubigné, *Les Tragiques*, [1630], L. VII : Jugement, p. 293 : « Princes, qui vomissans la salutaire grâce / Tournez au ciel le dos et à l'enfer la face, … / Vous avez pris le pli d'atheistes prophanes ». Les catholiques leur rendaient la pareille. Voir à titre d'exemple Claude de Saintes, *Déclaration d'aucuns athéismes de la doctrine de Calvin et Bèze*, 1568. Sur la question de l'athéisme à la fin du XVIe siècle, voir Vénard, 1988, p. 313-316.

Certes de vos propos le fiel et l'amertume
Descouvre de vos cœurs la puante apostume.
Celui qui a d'un rien crée tout l'univers
N'aura il point pouvoir de punir les pervers!
Celuy qui a créé les Cieux par sa puissance
Assujettira il à leur vaine influance
Son vouloir libre et franc? Non non ce qui advient
De mal en la cité c'est du Seigneur qu'il vient,
Saturne courroucé, le fier Mars ni la Lune,
Ni le front refrongné de la fausse fortune
N'y ont aulcun pouvoir. Et si par quelque temps
Nous voyons les pecheurs impunis et contans,
Si nous voions la faulte en aucuns impunye [85v°]
Qu'en autres nous voyons tres griefvement punie,
S'en fault il esbahir ou blasmer le Seigneur?
Un juge pourra bien sans blesser son honneur
Et sans estre taxé ou d'ire ou d'avarice
Ou d'aucune faveur ne point punir un vice,
Et Dieu ne pourra pas sans se veoir blasonner
Ce qu'en l'un il punit à l'autre pardonner!
Quoi? si Dieu le pardonne à cil que l'ignorance
A une fois trompé mais qui a repentance,
Et non pas à celuy qui estant coustumier
D'ofencer son sainct nom se plaist en son mestier;
Quoi? s'il le veult ainsi pour un petit d'espace
Pour apres tout d'un coup retirer d'eulx sa face;
Quoi? s'il le veult ainsi pour monstrer sa bonté,
Usant en autre endroit de sa severité
Car[os] s'il le veult ainsi, qui es tu, ô vermine,
Qui t'establis pour juge à sa grandeur divine?
Je le veux, dira il, tel est mon bon plaisir,
Et qui est tu qui veux empescher mon desir?
Car ces mots sont seants à ce grand Roy celeste
Dont orgueilleusement use un tiran terrestre.
Que donc les faux discours de ces gens incensez
N'ebranlent vos espris mattez et harassez
De soufrir tant d'ennuis! Mais avec esperance

Prenez pour vostre apuy mon autre sœur Constance,
Car puis que c'est de Dieu que vient le chastiment,
Croyez que son courrous n'est pas si vehement
Qu'en moins d'un tournemain son ire ne se passe
Faisant luire sur vous sa paternelle face.
Or[ot] pour plus exciter vos magnanimes cœurs
À porter, patiens, ces temporels malheurs,
Sachez que le Seigneur non seullement envoye
Du ciel sur les humains la tristesse et la joye, [86]
Mais que l'adversité (tant Dieu ayme les siens)
Sert plus à ses esleus qu'abondance de biens ;
Plus leur est le repos que le travail contraire,
Moins leur est le plaisir que l'ennuy salutaire ;
Plus le malheur que l'heur leur aporte de fruit,
La maladie moins que la santé leur nuit.
Monstre toi attentif à ces grandes merveilles,
Ne bande point tes yeux, ne bousche tes aureilles,
L'homme en son naturel a l'esprit si pervers
Qu'il oublie qu'un dieu gouverne l'univers
S'il ne sent sur son doz sa main apesantie,
Mais si tost que le juste a sa verge sentie,
Il se retourne à luy, ainsi que les meschans
Se voyans chastiez prennent le frein aus dents,
Despitans le Seigneur au lieu de repantance.
Mais le juste en son mal s'arme de pascience,
Il recongnoist sa faulte et soufre constamment
Tout travail tant soit grant, tout ennuy, tout tourment,
Et humble va calant sa voile boursouflée
Qu'un vent trop à souhait avoit par trop enflée.
C'est pour quoi nous voyons que l'Esglise en sa paix
N'a jamais tant fleury qu'oprimée du faix
De mille aflictions, et au temps d'abondance
Les hommes sont enflez de vaine outrecuidance,
Ainsi qu'au temps contraire ayants les corps batus
De la main du Seigneur leurs cœurs sont abatus.
Un expert jardinier souventefois retranche
D'un arbre trop touffu une vivante branche

Pour donner et plus d'air et plus de nutriment
Aux branches qu'il y laisse. Il taille dextrement
La vigne chascun an par trop luxuriante,
Et s'il ne fait ainsi, la vigne languissante
Trop chargée de bois bien tost s'abatardit [86v°]
Et au lieu de bon vin du verjust nous produit,
Ou ne pouvant fournir la vitale substance
À tous ses bras rameus se meurt de desplaisance.
Souvent le medecin moins piteux que prudent,
S'il ne peult aultrement guarir son patiant,
Aguysant son razoir et afilant sa scye,
Pour sauver tout le corps en coupe une partie.
Dieu de mesme voyant les superbes humains
Par la prosperité lever leurs cœurs hautains
Leur retranche tantost, ô sagesse profonde,
Ou leurs plus chers amys ou les biens de ce monde,
Ou leur bonne santé ou mesme tous les trois
Selon qu'il est besoin et mesme quelquefois
Du corps estropié quelque membre il entame
Ou le pert tout entier afin de sauver l'ame.
Si donques quelquefois vos espris irritez
De se veoir à tous coups de tourmente[205] agitez
Se monstrent inconstans, alors qu'ils se souviennent
Que c'est du Tout Puissant que tous ces maux leur viennent
Et puis que sa sagesse et bonté ne fait rien
Que pour vostre salut, que c'est pour vostre bien
Qu'il vous afflige ainsi non pas pour vous destruire ;
Car commant pourriez vous resister à son ire
S'une fois sa fureur s'embrasoit contre vous ?
Las ! comment pourriez vous suporter son courroux ?
Mais on a beau prescher un esprit idolastre
Des vaines voluptez ; toujours opiniastre
Il se pleint du Seigneur s'il lui oste ses biens,
Sa femme, ses enfans, ses honneurs terriens,
Son pays, sa santé, et ne peult point comprandre
Que s'il faloit en fin venir à compte rendre

205 Ici : troubles sociaux ou politiques ; tempête violente.

Que lors il se verroit redevable au Seigneur
De cent biens pour un mal, cent heurs pour un malheur, [87]
Car Dieu est aux humains un pitoiable pere,
Non un tiran cruel, non un juge severe.
Il est chiche et escars en envoiant le mal
Mais en donnant les biens tres large et liberal.
Mais l'homme inpatient s'escrie en sa misere
« [206]Où est ceste bonté, cette douceur de pere ?
J'ai perdu tous mes biens, je suis abandonné,
Banni de mon pais, je suis pris, ranconné,
Outragé en mon corps autant qu'en mes richesses ;
Où est ce Dieu dont tant on vante les largesses ? »
Je veux impatient congnoistre tes malheurs,
Je veux ouyr tes maux, entendre tes douleurs,
Je veux d'un juste poids poiser ta doleance ;
Mais metant d'autrepart à la contrebalance
Les bienfaicts du Seigneur qu'ingrat tu vas cachant,
Je vois que ce costé est plus que trébuschant.
Quoi ? es tu abatu de longue maladie,
Ton Dieu veille pour toi et preserve ta vie ;
Ta femme et tes enfans languissent ils de faim,
Au travail de tes bras Dieu te donne du pain ;
T'a il osté ta mere, il te laisse ton pere,
Apelle il ta sœur il te laisse ton frere,
Pers tu et pere et mere et ton frere et ta sœur,
Dieu te laisse un mari pour ton consolateur.
Mais je pers mon mari, le plaisir de mon ame,
Mais je pers mon soulas, ma tant aimée femme ;
Certes l'ennui est grand mais Dieu, d'autre costé,
Pitoyable et clement en ton adversité,
Te laisse des enfans pour soulaiger tes peines.
Mais je suis vagabond en regions lointaines,
Chassé, pillé, navré, où auray-je recours ?
C'est là que du Seigneur l'inesperé secours,

206 Bien que les vers 271-314 rapportent le dialogue entre la Patience et quelqu'un qui souffre sans comprendre pourquoi, le poète n'utilise les guillemets qu'au tout début du dialogue.

T'est tesmoin sufisant de sa grande clemence,
Quand lors que tu n'as plus ni suport ni defense,
Il substante ton corps en pais estrangiers [87v°]
Et preserve ta vie entre tant de dangers.
Mais mon cœur brave et hault languit de desplaisance
Et mon ame à tous coups bondit d'impatience,
Mon sang bout dedans moy, mon genereux esprit
Meurt mille fois le jour de chagrin et despit
De ce qu'il fault qu'à tort je soy en moquerie
À un peuple brutal, object de sa furie,
Sujet de son courroux. Non je ne me puis veoir
Hay pour avoir fait de tout point mon devoir.
Quoy ? Veoir mes biens pillez et ma maison razée
Quoy ? De veoir les meschans ma vie pourchassée
Pour n'avoir fait hommaige à la terre et au bois
Et avoir adoré mon Dieu selon ses loix.
O fol, que ton discours est ramply d'ignorance
Un payen phillosophe[207] a bien eu la prudance
Allant tout resolu à un indigne mort
De dire à son amy qui se plaignoit qu'à tort
Il estoit condanné : M'as tu donc[ou] en haine
De vouloir qu'à bon droit j'endurasse la peine ;
Je seroi malheureux si j'avoi merité
D'ouir l'arrest de mort, mais avec gayeté
Je soufre maintenant cette mort honnorable
Congnoissant en mon cœur que je suis incoulpable.
Toi qui ne peus soufrir d'estre à tort afligé
Seras au Jour dernier de ce payen jugé.
Apren, apren de luy de prendre en pascience
Le mal non merité, et pren ton innocence
Pour confort en tes maulx, joyeux que ton tourment
T'est causé pour avoir cheminé rondement,
Non que l'homme afligé aucune playe endure,
Qu'il n'en merite bien une sept fois plus dure,
Non pas que le Seigneur laisse veincre son cœur

---

207 Selon Xénophon (*L'Apologie de Socrate*, § 28), c'est ce que Socrate aurait dit au moment de sa mort à Apollodore.

D'un aveugle courroux, d'une injuste fureur,
Pour descocher ses traicts dessus l'ame incoulpable,
Car devant le Seigneur tout homme est redevable. [88]
Mais j'apelle innocent cil qui selon la loy
Rend toute obeissance à son pere, à son Roy,
J'apelle innocent à la façon humaine
Celui qui une vie irreprochable meine
Sans avoir offencé ceux dont injustement
Il est persecuté, qu'en vivant saintement
Et certes en cet endroit mieux vault soufrir injure
Sans l'avoir ofensé, desservy[ov], que menant vie impure
Demourer honnoré et sans punition.
Mais l'homme peu constant et plein de passion
Se chagrigne en son cœur, se fasche en son couraige
De veoir que les meschans contans passent leur aage
Sans de l'adversité esprouver les rigueurs ;
Qu'au contraire les bons sont mattez de langueurs,
Chassez de lieu en lieu sans presque avoir une heure
En un mesme pais asseurée demeure.
Mais voyons, je vous pri, d'un œil non partial,
Balançons justement poisons d'un poids esgal,
Les biens dont les meschans ont pleine jouissance
Et les maux qu'en ce monde endure l'innocence.
Certes nous trouverons que la felicité
Des pervers n'est qu'une ombre, et que la malheurté
Des justes n'est que jeu. Car si l'ame est heureuse
Qui contample de Dieu la face glorieuse,
C'est à dire si l'homme en ce monde est heureux
Qui connoist pour Seigneur le monarque des Cieux
(Et c'est ce qu'entendoient vos docteurs platoniques
Qui sublimant l'esprit, celestes empiriques,
Ailoient les cœurs humains qui sur les Cieulx volans
Alloient ce monde bas d'un pied veincueur foulans).
Commant n'est n'afligé[ow] s'il a la congnoissance
De son Dieu bienheureux ? ou commant l'abondance
Des biens exterieurs peult elle bien heurer
Celui qui ne congnoist son Dieu pour l'adorer ? [88v°]

Non ne t'abuse point, les honneurs, la chevance,
Ni la puissance encor n'ont aucune puissance
Pour rendre l'homme heureux, et la felicité
Ne gist en des amys ni en la volupté.
Ainsi qu'aspre douleur, pouvreté ennuyeuse,
Perte de chers amys, impuissance honteuse,
Et deshonneur ne rend un homme vertueux
Plus miserable au monde et moins cheri des Cieux.
Toutes ces choses cy ne sont qu'indifferantes,
Profitables aux bons et aux meschants nuisantes,
Et comme la vipere alimante son fiel
De l'herbe dont l'abeille engendreroit du miel,
Ainsi l'homme pervers tourne en poison mortelle
Les biens exterieurs dont une ame fidelle
Fait bonne nourriture, et l'homme pascient
Avance son salut par les peines qu'il sent,
Ainsi que le meschant avance sa ruine,
Sentant dessus son dos la vengeance divine.
Mais bien prenons le cas que les biens de dehors
Et felicitent l'ame et bienheurent le corps,
Posons[ox] qu'ils soient vrais biens desquels cil qui abonde
Ait en partie atteint le bon heur de ce monde,
Les hommes n'ont il pas tout receu du Seigneur ?
Leurs biens et leurs amys, leur santé, leur honneur
Leur sont ils adjugez par le sort d'un partaige,
Sont ce biens paternels escheuz en heritaige ?
Non non les hommes n'ont rien en proprieté
Que le peché, la mort, misere et malheurté,
Ce qu'ils ont d'abondant, c'est la main liberalle
Du Seigneur qui là bas ses richesses estalle,
Qui le leur departit, c'est un don gratuit,
Non acquis par travail (non par cas fortuit).
C'est un don gratuit que le Seigneur revoque
Quand vostre ingratitude à ire le provoque, [89]
Donné non simplement ains souz condition
Que Dieu le reprendra quant luy semblera bon.
Si donc vous provoquez le Tout Puissant à ire

Ne vous estonnez pas si ses dons il retire,
Ains le remerciez que paternellement
De verge il vous chastie envers vous plus clement
Que n'a pas merité la grandeur de l'offense.
Et humbles rendez grace à sa grande clemence
De ce que si long temps sa debonnaireté
Vous a permis jouyr du bien non merité.
Je ne puis point assez admirer la manye
Qui de ces incensez[oy] les pensées manye.
Si c'est qu'ils ont perdu leur santé, leurs parens,
Ou quelque bien mondain, on les voit murmurans
Disputer contre Dieu ; peult la mesme droiture,
O rebelles, o fols, vous faire quelque injure ?
S'il vous avoit promis que vous vivriez là bas
En jeux, en passetemps, en plaisirs, en esbas,
Sans rien voir ni ouyr qui ne fust agreable,
Rien gouster ni sentir qui ne fust desirable,
Fouillez vos cabinets, recherchez vostre escrain
Voir si vous trouverez signée de sa main,
Scellée de son scel quelque escriture antique,
Quelque viel parchemin, quelque letre autantique
Qui le rende obligé. Non vous ne verrez point
Que le Seigneur vous soit tenu en quelque point.
Bien estes vous tenus à sa haulte justice
De l'obligation qui naist du malefice
C'est l'obligation qui vous tient obligez
À endurer la mort, loyer de vos pechez.
Cela doit inciter vos cœurs à pascience,
Vous reposans sur Crist et sur sa bienveillance,
Voyans qu'il a rompu cette obligation
Qui vous tenoit subjects à condamnation.
Loue donc le Seigneur, admire sa sagesse,
Ayme sa grand' bonté, adore sa hautesse, [89v°]
Et croi qu'en l'univers rien n'advient aultrement
Que par sa volonté, congé, commandement,
Que ce que tu pensois t'estre le plus contraire,
Pour ton bien et salut est plus que necessaire,

Que s'il te vient du bien il vient de sa bonté,
Que s'il te vient du mal tu l'as bien merité.
Ainsi tu passeras par la mer orageuse
De ce monde le cours de ta vie joyeuse,
Sans que ni les rochers ni les vents ni les flots
Puissent aucunement troubler ton doux repos,
Le dur temps ne fera amaigrir ton visage,
Et la prosperité n'enflera ton courage.
Tu verras sans bransler bransler tout l'univers,
Tu verras sans despit prosperer les pervers,
Tu perdras tes amys sans pleindre oultre mesure,
Tu perdras ta santé sans chagrin et murmure,
Rien ne contristera ton esprit pascient,
Rien ne surmontera ton courage constant,
Adouci donc tes maulx d'une ferme esperance,
Soulage tes douleurs, armé de pascience,
En fin apres avoir surmonté mille maulx
Tu metras bienheureux fin à tous tes travaux,
Jouissant sur les Cieux d'une gloire immortelle,
D'un repos acomply, d'une joye eternelle,
D'un plaisir tout divin, d'une felicité
Que sera permanente à perpetuité. »
Voyla les beaux propos, vertueuse princesse[208],
Dont cette sainte Vierge allegeoit ma tristesse,
Charmoit tous mes ennuis, me redonnoit vigueur,
Desgourdissoit mes sens et ravissoit mon cœur
D'un saint entousiasme. « O Vierge descendue
Du hault ciel, dis je alors, tu sois la bien venue
O celeste beauté, que tes propos sacrez
Sont doulx à mon aureille, à mon palais sucrez !
O Vierge chasse-deuil, domte-mal, charme-peines[209], [90]
Qui par l'estroit sentier au ciel les hommes meines
Qui auront mesprisé d'un esprit genereux
Et les maux et les biens du monde malheureux,

208 Louise de Coligny, princesse d'Orange.

209 Mots composés à la mode des Grecs et des Latins, une pratique que Ronsard et son école avaient introduite et dont on trouve maints exemples dans la *Sepmaine, ou Creation du Monde* de Du Bartas.

Cependant qu'icy bas je feray demeurance,
Soi moi mon garde corps, mon fort, mon asseurance
Fai que par ton moyen mon courage constant,
Au monde et à la mort et ses dards resistant,
Participe en la fin de cette vie heureuse
Dont jouyt des esleus la bande glorieuse. »
M'estant teu, elle dit, « Je m'en vay visiter
Une princesse à qui je voudroi presenter
Au premier de janvier cette belle couronne,
Semblable à celle là qui mon chef environne.
À Dieu pour cette fois je la veux aller veoir
Et loger si je puis avec elle ce soir.
Et toi tu demourras en grace et souvenance
De moy et mes deux sœurs Esperance et Constance. »
« À Dieu. » di-je, « mon bien, À Dieu, Vierge mon heur,
Mais devant que partir fai moy une faveur ! »
Elle, baissant le front : « J'octroye ta demande. »
« Qui est donc celle là qui de cette guirlande
Coronnée sera par tes celestes mains ?
Certes elle est heureuse entre tous les humains ! »
« C'est », dit elle, « une dame à qui l'experiance
A apris combien vault en ennuy pascience,
Une dame suivant le chemin peu batu
Qui par aspres rochers conduit à la vertu,
Et sans mon secours n'eust eu ni paix, ni treve,
D'un grand pere orpheline et d'un grand mary vefve. »
« Si je ne suis trompé, » dis je, « souventefois
J'ai regardé sa face et entendu sa voix.
Elle est vefve, je croi, du grant prince d'Orange[210],
Grand non pas en tresors mais tresgrant en louange,
En vertu, en bien faicts ; fille, comme je croi,
De ce grand Colligny[211] qui la nef de la foi, [90v°]
Vray et saint Amyral, de tous vents agitée,
A guidé courageux sur la mer irritée
Des persecutions. Mais fay moi cet honneur,

210 Guillaume « Le Taciturne », prince d'Orange (1533-1584)

211 Gaspard de Coligny, Amiral de France (1519-1572).

Ottroye moy ce don, cet heur, cette faveur,
Et je te serviray de fait et de pensée.
Que sur son noble chef par mes mains soit posée
Cette coronne ci. Ne me refuse pas,
Et d'un lien estroit obligé[212] me rendras
À t'estre obeissant tous les jours de ma vie. »
Elle se souzriant : « Si tu as tant d'envie
De faire mon message, or sus aproche toi,
Et de ma chaste main la coronne reçoi.
Puis allant visiter celle à qui elle est deue
De par moy et mes sœurs humblement la salue,
Et luy fai le present. » Je m'aproche soudain
Et reçoi le present de sa divine main.
Je le tourne et retourne, et le baise et rebaise,
Sautelant dedans moy, mon cœur transporté d'aise.
Mais soudain disparoit et elle et son present
Mon ecstase finit comme un songe passant.

Princesse par ces vers je t'offre la coronne
Dont cette grand' beauté tes merites guerdonne,
Car puis qu'elle m'a fait tant de grace et honneur
De m'avoir accepté pour son ambassadeur,
Je seroi accusé de trop d'ingratitude
Si je n'executoi en toute promptitude
Ce qu'elle m'a enjoint veu qu'il m'est mesmement
A ma requeste enjoint, non par commandement.
Mais mon esprit grossier, ma langue peu diserte[213],
Mon stille mal coulant, ma plume peu experte,
N'ont peu sufisamment descrire ses propos,
Ni assez proprement agencer ses beaux mots,
Pourtant je te supli, n'aye esgard, ma princesse,
Tant à l'ambassadeur qu'à la dame et maistresse.

Fin

[91 et 91v°] : feuilles blanches

212 Pour l'usage du masculin pour désigner le poète, voir l'introduction, p. 22, n. 34.
213 À propos du *topos* d'humilité exagéré chez les femmes écrivains, voir Larsen, 1990.

VARIANTES

a L'écriture de ce poème ne ressemble pas à celle des autres poèmes de l'Album.

b La transcription des feuillets 2-33r° est d'une main soignée, identifiée comme celle de Françoys Auzière de Montpelier ; les poèmes sont attribués par Eugénie Droz à Jacques Constans (Droz, 1962, p. 12). Il s'agit de l'album de départ, offert à Louise de Coligny lors de son mariage avec Charles de Téligny, le 26 mai 1571 à La Rochelle. Les poèmes de cette section sont souvent ornés de majuscules décorées de guirlandes de fleurs ou de dessins abstraits.

c Les mots *Sera d'aussi g* qui précédaient *Estimée* ont été barrés.

d Françoys Auzière de Montpellier. Sur un morceau de papier qu'il détacha de cette page, van Hamel a trouvé le nom complet. (Van Hamel, 1906, p. 233).

e Françoys Auzière de Montpellier, auteur de ce sonnet.

f Le mot *feux* a été barré.

g Ce poème se trouve également dans l'album manuscrit de Marguerite de Valois (Paris, Bibliothèque de la Société de l'Histoire du Protestantisme Français, sous la cote Ms. 816/12). Nous en indiquons les variantes.

h Ms. Paris : il l'a fuit

i *Ibid.* : mon

j *Ibid.* : Ores je suis en

k *Ibid.* : Car

l *Ibid.* : Aussi depuis

m Corr. de il

n Ms. Paris : embraze

o *Ibid.* : plaist

p *Ibid.* : Mais

q Le mot *ard* a été barré.

r Un *s* a été ajouté au-dessus de boix

s Ms. Paris : vois

t Le *L* majuscule qui précède l'article a été barré.

u *u* a été remplacé par *n*

v Le mot *nature* a été barré.

w Sous *diray* on lit *croiray*

x Cette pièce se trouve également dans l'album manuscrit de Marguerite de Valois mais elle est anonyme. Nous signalons les variantes du manuscrit de Paris.

y Ms. de Paris : leur

z *coups* a été barré.

aa *Plaignans* a été barré.

ab Ms. Paris : du

ac Le Ms. Paris inclut ici une autre strophe : Les deux torrens qui coulent de mes yeux / Vont ravageant les coustaux et les pleines, / Et mes souspirs vont embrasant les Cieux / Pour aggraver ga douleur de mes peines.

ad Ms. Paris : recitans

ae Ce poème figure aussi dans l'album manuscrit de Marguerite de Valois (p. 70) et il est intitulé [Stanses de Constan]. Nous en indiquons les variantes.

af Ms. Paris : Importune

ag *Ibid.* : de

ah *Ibid.* : peurs

ai *Nourrissant* a été barré.

aj Ms. Paris : du

ak *Ibid.* : ainsi

al *Ibid.* : cause

am *Ibid.* : amours

an Les mots *de l'apsence* ont été ajoutés d'une autre main, semblable à celle qu'on trouve aux feuillets 40, 63, 64, 66. Ce poème figure aussi dans l'album manuscrit de Marguerite de Valois (p. 62v°). Nous en indiquons les variantes. Le titre [Sctanses de l'absance de Constan] y a été ajouté de la main de Marguerite de Valois.

ao Ms. Paris : les parenthèses ont été supprimées.

ap *Ibid.* : que

aq *Ibid.* : d'une

ar *Ibid.* : faict

as *Ibid.* : la

at Ce poème figure sans nom d'auteur dans la *Seconde partie des muses françoises r'alliées de diverses parts*, Paris, M. Guillemot, 1600, p. 125. Nous en donnons les variantes. Voir Droz, 1962, p. 76-77.

au *Muses françoises*, 1600 : Pensez

av *Ibid.* : embrasez

aw *Ibid.* : Et ces beaux yeux ne sont

ax *Ibid.* : De ce poil blond,

ay *Ibid.* : Où cerchez vous ces

az *Ibid.* : mort belle

ba *Ibid.* : l'ame belle

bb *Ibid.* : Ces belles mains

bc *Ibid.* : ainsi

bd *Ibid.* : ma main, mes yeux, mon ame

be *Ibid.* : fer

bf *Ibid.* : fer

bg Ce poème figure sans nom d'auteur dans l'édition de 1603 des *Muses françoises* (f. 79v°) sous le titre *Stances en faveur des filles, contre les femmes.* Nous en signalons les variantes. Voir Droz, 1962, p. 77-78.

bh *Muses françoises*, 1603 : l'un glace

bi *Ibid.* : Mais leur diverse humeur

bj *Ibid.* : sa

bk *Ibid.* : Combien

bl *son* a été barré.

bm *Muses françoises*, 1603 : Qui preuve que son feu

bn *Ibid.* : leurs

bo *Ibid.* : sa

bp *Ibid.* : Qui finist son amour

bq *Ibid.* : Aussi tost sans Amour que sans Virginité

br *Ibid.* : enfant puceau de sa naissance

bs *Ibid.* : rozier dont la rose est
bt *Ibid.* : La cendre tue le feu de la
bu *Ibid.* : Et la femme n'a plus que le foyer d'Amour
bv *Ibid.* : Ne m'estimez donc plus
bw *Ibid.* : Qui n'a point eu d'Amour jamais ne le peut rendre
bx *Ibid.* : Vous avez le vray gain
by *Ibid.* : La mort par le danger en est
bz *Ibid.* : Mais les faicts fort communs acquierent peu d'honneur
ca *Ibid.* : cœur
cb *Ibid.* : encor invincible
cc *Ibid.* : L'honneur renaist deux fois s'il a double victoire
cd *Ibid.* : Et si pour tout cela il n'acquiert point d'honneur
ce *Ibid.* : poinct d'une amour imparfaicte
cf *Ibid.* : tousjours la fin de leur conqueste
cg *Ibid.* : La femme ayant aimé
ch *contre les femmes* a été barré.
ci *co* a été barré.
cj Françoys Auzière, auteur de ce poème. Le A est fait de deux V, dont l'un est renversé.
ck Corr. pour *ce*
cl Mot barré.
cm Ce poème figure sans nom d'auteur dans l'album de poésies de Marguerite de Valois, p. 113. Nous en signalons les variantes. Voir Droz, 1962, p. 84-85.
cn Ms. Paris : me
co *Ibid.* : Perdant à vous aimer
cp Ce poème figure sans nom d'auteur dans l'album de poésies de Marguerite de Valois, p. 112. Nous en notons les variantes. Voir Droz, 1962, p. 84-85.
cq Ms. Paris : de
cr Ce mot a été corrigé ; les lettres *ar* qui le précédaient ont été rayées.
cs Ce sonnet est écrit à l'encre rouge.
ct Un mot a été barré et remplacé par ces deux mots.
cu Vers ajoutés en bas de la page.
cv *L* a été barré.
cw Auzière (Françoys), auteur de ce texte. Le *A* est fait de deux *V*, dont l'un est renversé.
cx *funebre* a été barré.
cy À partir du feuillet 34, la transcription des textes est effectuée par plusieurs mains non-identifiées.
cz Corr. pour *consentoint*
da Râture.
db *Sic*, pour soit
dc *g* a été barré.
dd Corr. pour *venim*
de L'écriture de ce poème est moins soignée et plus difficile à déchiffrer. Plusieurs mots ont été corrigés, barrés ou couverts d'une tache d'encre. Les mots « Du Tasse » sont de la même main que le poème.
df Deux C entrelacés dont se sert souvent Louise de Coligny
dg S barré / = F = fermesse = fermeté, fidélité. Symbole huguenot probablement créé à la cour de Jeanne d'Albret et adopté par elle pour une pièce d'argent qu'elle fit fabriquer en 1571 avec la devise *Hasta la muerta*, écho de l'*Apocalypse*, 2, 10 : « Sois fidèle jusqu'à la mort… ». Sur la fermesse voir Dannreuther, 1902, p. 36-38.

dh *ausi ques* ? Deux mots impossibles à déchiffrer.

di Les 3 poèmes suivants sont d'une même main.

dj Le nom de l'auteur *Mayson fleur* [Maisonfleur] a été ajouté d'une autre main, probablement la même qu'aux feuillets 15, 63, 64, 66. Ce poème fut mis en musique par Jean Chardavoine (1538-1580 ?), *Le recueil des plus belles et excellentes chansons en forme de voix de ville*, …, Paris, Claude Micard, 1588, 37r°-38r°. Les strophes ne suivent pas le même ordre. Nous en indiquons les variantes.

dk Chardavoine : quand il esclaire

dl *Ibid.* : vous estes belle

dm *Ibid.* : beautés

dn *Ibid.* : estrangers

do *Ibid.* : He

dp *Ibid.* : humanitez divines

dq *Ibid.* : Cette strophe se trouve entre la 4e et la 5e strophes.

dr *Ibid.* : dy

ds *Ibid.* : qui

dt *Ibid.* : regarde

du *Ibid.* : prins

dv *Ibid.* : Dieux

dw *Ibid.* : mieux

dx *Ibid.* : Cette strophe est absente.

dy *Ibid.* : aimeroys. Cette strophe se trouve après la 9e strophe.

dz *Ibid.* : martyre

ea *Ibid.* : veoir

eb *Ibid.* : Empire

ec *Ibid.* : Empereur

ed *Ibid.* : dictes

ee *Ibid.* : L'on… Cette strophe se trouve après la 5e strophe.

ef *Ibid.* : egalle

eg *Ibid.* : prins

eh *Ibid.* : perseverant

ei *Ibid.* : qui meritent

ej Il existe deux versions imprimées de ce poème. Toutes les strophes se retrouvent avec des modifications et dans un ordre différent dans le « Chant du vrai amour » de Benjamin Jamin (1540-1607 ?), frère du poète Amadis, lequel était paru dans *La Muse chrestienne de Pierre Poupo*, Paris, Desplanches, 1585, p. 194-201. Les strophes du « Chant du vrai amour » se trouvent ici dans l'ordre suivant : 19, 20, 17, 18, 28, 26, 27, 6, 7, 8, 10, 11, 12, 5, 13, 25, 15, 9, 16, 14. La version publiée a été transformée pour mettre l'accent sur la foi en Dieu, à préférer à l'amour profane. On notera aussi que les 5 premières et les 7 dernières strophes de la version de notre manuscrit paraissent avec beaucoup moins de variantes dans les « Stances I » de Nicolas de Cholières, *La guerre des masles contre les femelles… avec les mélanges poétiques*, Paris, Pierre Chevillot, 1588, réimpression de 1864, p. 148-151. Les 5 premières strophes ici correspondent aux strophes 9 à 13 des « Stances I » et les 7 dernières aux strophes 2 à 8 des « Stances I ». Nous en indiquons les variantes. Voir aussi Bonnefon, 1892.

ek Jamin : Les hommes corrompus

el *Ibid.* : Strophe 19

em *Ibid.* : Pensent

en *Ibid.* : sous le nom d'un Dieu feint

eo *Ibid.* : Mais ceux la
ep *Ibid.* : de Dieu
eq *Ibid.* : Si Dieu est sainct et pur, l'amour est pur et sainct.
er *Ibid.* : Strophe 20, vers 1 et 2. « Pensez que le fidelle a l'amour pour son frere : / Puis qu'il a comme amour l'Eternel pour son père. »
es *Ibid.* : Strophe 17 avec plusieurs variantes et le même vers final.
et Jamin et Cholières : froid et
eu Jamin : Strophe 18 : Les Levites avoyent
ev tres a été barré. Jamin : qu'ils gardoyent en
ew Cholières : qu'on gardoit
ex Jamin et Cholières : est ce feu
ey Jamin : Strophe 28, surtout les 3 derniers vers.
ez *Ibid.* : Garde, ô Dieu ! que Satan n'ait ; Cholières : sur moy que l'on ait
fa *Ibid.* : Et qui n'a gagné Christ
fb *Ibid.* : Strophe 26 du Chant de vrai amour : « Et quand on avourait que pour fin desirable, / Cest amour chercheroit le plaisir agréable : / Cela ne pourroit nullement offencer. / Car tel desir n'est point quelque flame pousséee, / Qui recherche autre bien qu'une sainte pensée / Aymer, c'est avoir Dieu pour but de son penser. »
fc *Ibid.* : Strophe 27.
fd *Ibid.* : Penser œil de raison, frain de ma fantasie
fe *Ibid.* : Paradis en miroir, essay du vrai plaisir
ff *Ibid.* : Oiseau qui sur les cieux emporte mon desir
fg *Ibid.* : Un amoureux mondain
fh *Ibid.* : Strophe 6, vers 1-2.
fi *Ibid.* : que
fj *Ibid.* : Strophe 7, vers 1-4.
fk *Ibid.* : Je vous l'accorderay
fl *Ibid.* : « Son brutal appétit est le Dieu qu'il adore / qui fait un Dieu si vain se rend plus vain encore, / Car l'homme tient son Dieu trop plus que soy parfait. »
fm *Ibid.* : Strophe 8, vers 1-3 ; qu'il faut que l'on compare
fn *Ibid.* : sensuel
fo *Ibid.* : Il court le feu, la mer, pour l'argent il soupire.
fp *Ibid.* : Tel
fq *Ibid.* : Strophe 10, vers 1-3.
fr *Ibid.* : du soupcon vient la plainte
fs *Ibid.* : discord
ft *Ibid.* : un vray amour
fu *Ibid.* : Strophe 11
fv *Ibid.* : À vivre sainctement tout son pouvoir adonne
fw *Ibid.* : Non point que son plaisir repose
fx *Ibid.* : Car s'il y resposoit seroit
fy *Ibid.* : L'on n'a pas donc en soy ce qu'on desire avoir
fz *Ibid.* : On tire un
ga *Ibid.* : Strophe 12, vers 1-4.
gb *Ibid.* : Pour autant qu'elle vit
gc *Ibid.* : Le desir sensuel est ceste lourde masse
gd Cholières : appasté
ge Jamin : Strophe 5 ; Cholières : Strophe 2
gf Jamin et Cholières : hydropisie

gg Jamin : faim
gh *Ibid.* : Un vain
gi *Ibid.* : Strophe 13 ; Cholières : Strophe 3.
gj *Ibid.* : Car la certayne foy
gk Jamin et Cholières : plaist.
gl Jamin : de ce venin pourri
gm Cholières : autrement il ferait
gn *Ibid.* : ce qui nait de raison
go Jamin : Car naissant en la foy est de la foy nourri
gp Cholières : Mon amour n'a pour fin
gq Jamin : Strophe 25, v. 5 ; Cholières : Strophe 4.
gr *Ibid.* : ce celeste ; Cholières : si
gs *Ibid.* : au monde
gt *Ibid.* : Strophe 15, v. 1-3 ; Cholières : Strophe 5.
gu Cholières : les deux buttes d'amour
gv Jamin : prins.
gw *Ibid.* : Strophe 9 ; Cholières : Strophe 6.
gx Jamin : L'amour fol est le chesne
gy *Ibid.* : un plaisir vilain
gz Jamin : Strophe 16, v. 1, 2, 4, 5, 6 ; Cholières : Strophe 7.
ha *Ibid.* : aveugle
hb *Ibid.* : Car
hc *Ibid.* : impollu
hd Jamin et Cholières : la
he Jamin : strophe 14 ; Cholières : strophe 8
hf Cholières : nous
hg Jamin : et rend mon ame
hh aimante et aimée sont au féminin.
hi Jamin : beauté
hj Pour nomplus
hk Jamin : garde
hl Cholières : et la garde pourtant
hm Jamin : ce grand Dieu n'est il pas le Soleil ; Cholières : ne m'est-il pas le soleil de mon jour
hn Mis en musique et publié par Claude Lejeune, *Second livre des meslanges de Cl. Le Jeune, natif de Vallentienne, Compositeur de la musique de la chambre du roy*, Paris, Pierre Ballard, 1612, 9r°-11r°. Nous en indiquons les variantes.
ho Lejeune, 1612 : Printemps
hp *Ibid.* : saison
hq *Ibid.* : écloses
hr *Ibid.* : ce vers manque.
hs *Ibid.* : ce vers est répété.
ht *Ibid.* : ce vers est répété.
hu Sonnet par Philippe Desportes qui figure avec quelques variantes dans différentes éditions de ses œuvres : *Les œuvres de Philippes des Portes*, reveues, corrigées et augmentées, Anvers, chez Arnould Conix, 1592, sonnet LXXXIX, p. 219 ; *Les premieres œuvres de Philippes Desportes*, derniere edition, reveüe et augmentée, À Rouen, chez Raphaël du Petit-Val, 1600, p. 303. On le retouve aussi avec sa traduction en italien dans *La rencontre des Muses de France et d'Italie. À la Reine* [Jean Lalouette], À Lyon, Par Jaques Roussin, 1604, p. 75. Les variantes sont les mêmes dans tous ces textes. Nous indiquons les variantes de l'édition de 1592.

hv Desportes, 1592 : Part,

hw *Ibid.* : Deesse,

hx *Ibid.* : laisserez

hy *Ibid.* : mes escrits

hz *Ibid.* : les cieux

ia Ce poème se trouve dans *Les Muses ralliées*, Paris, M. Guillemot, 1603, p. 300. Nous en indiquons les variantes.

ib *Muses ralliées*, 1603 : patron, ouvriere, duite. (tippe = type)

ic *Ibid.* : incite

id *Ibid.* : recours

ie *Ibid.* : sans fraude, feinte, fard

if *Ibid.* : Font

ig Corr. pour *ce*

ih Ce sonnet figure aussi au feuillet 46vº. Les initiales S.M. seraient-elles celles du seigneur de Maisonfleur ?

ii Corr. pour *nom*

ij S'agirait-il d'une coquille pour *dernier* ?

ik Corr. pour *des*

il Corr. pour *mes*

im Corr. pour *s*

in Comprendre *fasse*

io Corr. pour *enlever.*

ip Corr. pour *ses*

iq Écrits dans la marge, *joie en avoir* (v. 12) et *redorer* (v. 14) sont des variantes pour *la decevoir* et *bien blanchir.*

ir *Psalme ~~10~~ 20* (Vulgate 19) *de Monsr du perron* a été ajouté d'une autre main, probablement la même qu'aux feuillets 15, 40, 64, 66. Cette paraphrase, dédiée « Au Roi », se trouve dans les *Œuvres de Du Perron divisées en trois Classes*, 3 vol., Paris, 1622. Elle est reproduite dans *Les Poètes français : recueil des chefs-d'œuvre de la poésie française depuis les origines jusqu'à nos jours avec une notice littéraire sur chaque poëte*, sous la dir. d'Eugène Crépet, Paris, Gide, 1861, vol. 2, p. 359-360. Nous en indiquons les variantes. Les poèmes des feuillets 63rº-67vº semblent être d'une même main.

is *Les Poëtes français*, 1861 : l'

it Comprendre : faire.

iu *Les Poëtes français* : Prompte

iv Corr. pour *ventoient*

iw *Les Poëtes français* : osts si nombreux, que leurs ondes presssées

ix *Ibid.* : nous, foulant

iy Psaume 147 (Vulgate 148). Ce psaume a été publié dans la première édition des *Œuvres poétiques* de *J. Bertaut, Abbé d'Aunay, et premier Aumosnier de la Royne* (Paris, par Mamert Patisson, 1601, f. 12vº-14rº), dans la seconde édition qui a été considérablement augmentée (*Recueil des Œuvres poetiques de J. Bertaut, Abbé d'Aunay, et premier Aumosnier de la Royne*, Seconde edition augmentée de plus de la moitié de la precedente, À Paris, pour Lucas Breyel, 1605, f. 24-27) et dans l'édition de 1620 (Paris, chez Toussaict Du Bray), publiée par Aldophe Chenevière (Paris, Librairie Plon, 1891, p. 23-26). Mis à part quelques variantes orthographiques, le texte est le même dans ces trois éditions. Nous nous référons à l'édition de 1605 pour indiquer les variantes.

iz de *Monsr. bertaut* a été ajouté d'une autre main, probablement la même qu'aux feuillets 15, 40, 63, 66.

ja Bertaut, 1605 : Et d'un hymne eternel honorez sa bonté.
jb *Ibid.* : ses rais empruntes ta splendeur,
jc *Ibid.* : Louez
jd *Ibid.* : Vapeurs
je *Ibid.* : saint
jf *Ibid.* : ce grand monde forma :
jg *Ibid.* : s'enferme
jh *Ibid.* : sa bouche anima.
ji *Ibid.* : Le ciel ne voit
jj *Ibid.* : mortel, qui s'en peut dispenser.
jk *Ibid.* : retournez
jl *Ibid.* : pouvoir en
jm *Ibid.* : de qui le sein peut cent flots abysmer,
jn *Ibid.* : vos
jo *Ibid.* : ire
jp *Ibid.* : Elle tranche
jq *Ibid.* : tonnante voix haut loüez son pouvoir.
jr *Ibid.* : la
js *Ibid.* : monts
jt *Ibid.* : polie
ju *Ibid.* : les sentiers
jv *Ibid.* : des
jw *Ibid.* : Temoignez son pouvoir à
jx *Ibid.* : Semant
jy *Ibid.* : de sources
jz *Ibid.* : qu'on peut nommer
ka *Ibid.* : Sapins dont le sommet fuit loin de ses racines,
kb *Ibid.* : parmy
kc *Ibid.* : de
kd *Ibid.* : que
ke *Ibid.* : Vous qui chassez du monde,
kf *Ibid.* : d'en
kg *Ibid.* : bornes
kh *Ibid.* : parler
ki *Ibid.* : pensers
kj *Ibid.* : Il s'y sied en triomphe, et pompe, et majesté,
kk *Ibid.* : ange
kl *Ibid.* : nostre
km *Ibid.* : à jamais son nom par nos chants celebré :
kn *Ibid.* : l'honneur
ko *Ibid.* : destins combatre la rigueur,
kp *De Monsr bertaut* est d'une autre main, probablement la même qu'aux feuillets 15, 40, 63 et 64. Ces Stances ont été publiées dans l'édition des *Œuvres poetiques de M. Bertaut* de 1601 (Paris, Lucas Breyel), f. 26. L'édition de 1601 par Mamert Patisson est très probablement identique mais dans l'exemplaire que nous avons consulté à la BnF, les folios 25-42 manquent et donc les Stances ne s'y trouvent pas. Les variantes indiquées ci-dessous proviennent de l'édition de 1620 (p. 341-342).
kq Bertaut, 1620 : atteinte
kr *Ibid.* : reluisant en eux tant

ks *Ibid.* : c'est
kt *Ibid.* : Cette strophe a été éliminée.
ku *Ibid.* : Les mysteres plus saints qu'il desire
kv *Ibid.* : Sans eux tous beaux desirs au monde seroient morts :
kw Corr. pour *via*
kx *Ibid.* : les presents des Dieux
ky *Ibid.* : employant leur
kz *Ibid.* : restabliroit
la *Ibid.* : Dieux, qu'ils
lb *Ibid.* : Monstrant
lc *Ibid.* : n'en
ld *Ibid.* : nobles
le Corr. pour *s'est*
lf Bertaut, 1620 : s'estime autant
lg Corr. pour *ce*
lh Bertaut, 1620 : pour
li *Ibid.* : feu là mesme
lj *Ibid.* : brise
lk *Ibid.* : la strophe suivante et la strophe 10 (Que ce m'eust esté…) ont été ajoutées ici : Bien est-ce une folie aux vœux de mon penser / D'oser à leurs beautez son amour adresser, / Elevant mon desir vers un bien impossible : / Mais ma folie est belle, et j'ayme beaucoup mieux / Paroistre sans raison, que sans cœur et sans yeux, / Et plustost estre dit insensé qu'insensible.
ll *Ibid.* : je ne serois point maintenant tourmenté
lm *Ibid.* : Du secret sentiment de mon indignité,
ln *Ibid.* : ce
lo *Ibid.* : si leurs
lp *Ibid.* : Et
lq *Ibid.* : donnoit
lr *Ibid.* : les trois dernières strophes ont été éliminées et la strophe suivante a été rajoutée : Mais quoy ? rien ne sçauroit attaindre à ce bon-heur, / Et quand à moy je pense avoir assez d'honneur / De mourir en l'aymant ainsi que meurt le cygne : / Car ce seroit monstrer que j'aurois presumé / Par dessus les mortels qu'en vouloir estre aymé, / Et par dessus les Dieux qu'en penser estre digne.
ls Ce poème est paru sous le titre de Stances et le nom de M. Bertaud dans *Les delices de la poésie françoise, ou Recueil des plus beaux vers de ce temps…* recueilly par F. de Rosset et dédié à Monseigneur le Cardinal de Raiz, Paris, chez Toussainct Du Bray, 1618, p. 323-324. On y trouve quelques variantes que nous signalons ici. Il a été aussi attribué au poète savoisien Marc-Claude de Buttet par l'abbé Laurent Morand qui l'aurait retrouvé à la fin d'un *Recueil de poésies* (1575 ?) aujourd'hui disparu (Morand, 1883, p. 31). Il est reproduit par Sarah Alyn Stacey dans l'Appendice 4 de son étude de Marc-Claude de Buttet (Stacey, 2006 p. 145-146). Nous indiquons les variantes de cette édition. Selon Frédéric Lachèvre (Lachèvre, 1901, p. 111), il se trouverait encore, non signé, sous le titre de « Complainte » dans *Les fleurs des plus excellens poëtes de ces tems*, Second Recueil, Paris, N. Bonfons, 1599. Cet ouvrage n'a pu être consulté. Enfin, comme il a été dit dans l'introduction, il est également publié sous une forme raccourcie dans le *Quatriesme livre* des *Airs de différents auteurs mis en tablature de luth* (1613). On y retrouve la strophe 1 avec une variante au vers 3 (indiquée ci-dessous), la strophe 4 identique à notre texte et deux strophes similaires à celles ajoutées dans *Les delices* : « Si faut-il rompre en fin ce cordage amoureux, … » et « Sus, sus, resolvons-nous de quitter nostre ennuy, … »

lt *Les delices de la poésie françoise*, 1618 : envis ma ; Buttet, *Recueil de poésies* (1575 ?) : ennuis ma

lu *Les delices de la poésie françoise*, 1618 : Et que de ce bel œil par qui tout est charmé ; *Airs de différents auteurs mis en tablature de luth* (1613) : Et que de l'œil divin qui m'a l'esprit charmé

lv Buttet, *Recueil de poésies* (1575 ?) : malheur

lw *Les delices de la poésie françoise*, 1618 : forcé ; Buttet, *Recueil de poésies* (1575 ?) : vaincu

lx Buttet, *Recueil de poésies* (1575 ?) : M'affranchir du trépas

ly *Ibid.* : Craignant estre en l'absence

lz *Ibid.* : (1575 ?) : les

ma *Les delices de la poésie françoise*, 1618 : une

mb Buttet, *Recueil de poésies* (1575 ?) : de

mc *Ibid.* : du

md Buttet, *Recueil de poésies* (1575 ?) : Cette strophe a été remplacée par la suivante, que l'on retrouve quasi identique dans *Les delices de la poesie françoise* : Si faut-il rompre enfin ce cordage amoureux, / Bien qu'il puisse lier l'ame la plus sauvage, / Et penser désormais qu'il est bien malheureux / Qui peut vivre en franchise et se meurt en servage ? // *Les delices de la poésie françoise*, 1618 : les deux dernières strophes ont été éliminées et remplacées par les strophes suivantes : Si faut-il rompre en fin ce cordage amoureux, / Bien qu'il puisse arrester l'Ame la plus sauvage, / Et penser desormais qu'il est bien malheureux, / Qui peut vivre en franchise, et languie en servage. // Sus, sus, resolvons-nous de quitter nostre ennuy, / Tuons ce qui nous tuë, armons-nous de constance, / Et ce que nous cherchons en la pitié d'autruy, / Taschons de le treuver en nostre resistance. // Il faut, il faut briser en fuyant ses beaux yeux, / Le joug qui tient mon Ame à leur Loix asservie, / Rien que la liberté ne nous rend demy-Dieux : / Mal-heureux qui la perd sans perdre aussi la vie. // Ainsi, dis je, parfois, menaçant mes prisons, / Lors qu'un sage Conseil mon ame persuade, / Mais las ! celuy qui croit que ces foibles raisons, / Peuvent guerir d'Amour n'en fut jamais malade. // Un regard seulement destruit tous ses desseins, / Rendans plus que jamais mon Ame esprise et folle : / La raison pour remesde est propre aux demy-sains, / Bien leger est le mal qu'on guerit de parolle. // Mais pourquoy me voudrois-je essayer de guerir, / Sçachant bien que mon mal ressemble à ces ulceres, / Qu'on ne sçauroit fermer sans se faire mourir, / Et de qui les douleurs sont des maux necessaires. // Non, non, ne tuons point un si plaisant soucy, / Rien n'est doux sans Amour en ceste vie humaine, / Ceux qui cessent d'aimer cessent de vivre aussi, / Ou vivent sans plaisir, comme ils vivent sans peine. // Tous les soucis humains sont pure vanité, / D'ignorance, et d'erreur, toute la Terre abonde, / Et constamment aimer une rare Beauté, / C'est la plus douce erreur des vanitez du Monde. // Aimons donc, et portons jusques dans le cercueil, / Le joug qui n'asservit que les braves courages, / Et souffrans sans gemir les rigueurs d'un bel Oeil, / Soyons au moins constans, si nous ne sommes sages.

me Buttet, *Recueil de poésies* (1575 ?) : Mais non, ne fuions point cest amoreux soucy.

mf *Ibid.* : Rien n'est doux sans amour en ceste vie humaine :

mg *Ibid.* : Et vivent sans plaisir comme ilz vivent

mh *Ibid.* : Deux autres strophes suivent : Les soucis des humains ne sont que vanité / D'ignorance et d'erreur toute la terre abonde, / Mais constamment aymer une rare beauté / C'est la plus douce erreur des vanitez du monde. //

mi Mot biffé écrit dans la marge.

mj Ce vers paraît être un vers alternatif au vers 11.

mk Corr. pour *ce*

ml Ce mot est précédé d'un *N* qui semble déplacé.

mm Tous les vers de ce poème, à l'exception du premier, commencent par des minuscules. Le poème a été mis en musique par Vincent, un joueur de luth attaché à la cour du duc d'Angoulème ; les cinq premières strophes ont été publiées dans le *Septiesme livre* des *Airs de différents autheurs mis en tablature de luth par eux-mêmes*, Paris, Pierre Ballard, 1622, f. 33v°-34. Voir aussi la notice par Thomas Leconte, décembre 2003. Nous notons ci-dessous les variantes.

mn *Airs de différents autheurs*, 1622 : Assés mes yeux

mo *Ibid.* : ennemie

mp *Ibid.* : est-ce

mq *Ibid.* : des harangues

mr Corr. pour *ces*

ms *Airs de différents autheurs*, 1622 : tous

mt Corr. pour *ces*

mu Corr. pour *ces*

mv Publié dans *Le Chansonnier huguenot du* XVIe *siècle*, éd. Henri-Léonard Bordier, Paris, Tross, 1870, Livre 3, p. 288-294 (*CH*). Nous en indiquons les variantes. Pour la provenance de ce texte, voir l'Introduction, p. 19-20. *CH : « Par Etienne de Maisonfleur, gentilhomme huguenot 1572 le 30 août »* Dans la version trouvée dans *CH*, les strophes ne suivent pas le même ordre que dans le manuscrit de Louise de Coligny. Nous indiquons dans les notes le numéro de strophe dans *CH*, ainsi que les variantes. La strophe 12 de notre version ne paraît pas dans *CH.* En revanche, la strophe 11 présente dans *CH* ne paraît pas dans notre version : « toutes les ames chrestiennes, / Toutes les choses plus tiennes, / Tout ce qui plaisoit à l'œil / De Sion ta bien aimé / Estendent leur main armée, / Ils en ont fait un cercueil. »

mw Ce vers ne figure pas dans *Le Chansionnier Huguenot.* À la place, le vers suivant figure entre les 5e et 6e vers : « Nos unions desliées »

mx *Chansonnier Huguenot*, 1870 : hostels

my Corr. de *ce*

mz *Chansonnier Huguenot*, 1870 : Tous

na *Ibid.* : bien

nb *Ibid.* : Les vers 22 et 23 sont inversés.

nc *Ibid.* : Strophe 6 : D'une canaille infidele

nd *Ibid.* : Strophe 7.

ne *Ibid.* : les

nf *Ibid.* : Et

ng *Ibid.* : Ont tous leurs tranchans pollus

nh *Ibid.* : Strophe 8.

ni *Ibid.* : des

nj *Ibid.* : en

nk *Ibid.* : Strophe 9.

nl *Ibid.* : tes

nm *Ibid.* : Strophe 10.

nn *Ibid.* : Par sang, par feu, par carnage, / Par fer, par meurtre, par rage.

no *Ibid.* : la fureur

np *Ibid.* : demoniacle

nq *Ibid.* : Strophe 5.

nr *Ibid.* : Strophe 12.

ns Cette strophe ne figure pas dans *Le Chansonnier Huguenot.*

nt *Chansonnier Huguenot*, 1870 : Strophe 17.

nu Corr. pour *ses*
nv *Chansionnier Huguenot*, 1870 : Strophe 18.
nw Corr. pour *ce*
nx *Chansionnier Huguenot*, 1870 : Strophe 13.
ny *Ibid.* : Par son Roy fut mis en fuite
nz *Ibid.* : Arriva bientost après
oa *Ibid.* : Strophe 16.
ob *Ibid.* : Strophe 20.
oc *Ibid.* : Strophe 14.
od *Ibid.* : France as
oe *Ibid.* : ta
of *Ibid.* : Strophe 15.
og *Ibid.* : Fut la seule
oh *Ibid.* : Qui ruina Ilion
oi *Ibid.* : Et la reine Catherine
oj *Ibid.* : Par l'Oracle de Léon
ok *Ibid.* : Strophe 19.
ol *Ibid.* : Strophe 20.
om Ce poème, attribué à Anne de Rohan par Paul Marchegay, a été transcrit par J.F.F. Campbell (directeur à l'époque du Koninklijk Huisarchief des Pays-Bas) et publié par Jules Bonnet ([Rohan], 1886, p. 29-45). Pour l'attribution à Anne de Rohan, voir l'Introduction, p. 21-23. Les numéros des feuillets ne correspondent pas à ceux du Ms. L'orthographe y est en partie modernisée et quelques mots dans la transcription de Marchegay/Campbell ne correspondent pas au manuscrit.
on Marchegay/Campbell (à tort) : esmoy
oo [*sic*], pour respecter l'alexandrin.
op Marchegay/Campbell (à tort) : appui
oq *Ibid.* (à tort) : par
or Ce vers manque dans la transcription de Marchegay/Campbell.
os Marchegay/Campbell (à tort) : Que
ot *Pl* a été barré.
ou Marchegay/Campbell (à tort) : 'M'aurois tu donc'.
ov L'un des deux mots (ofensé, desservy) semble de trop pour maintenir l'alexandrin.
ow l'afligé ?
ox Marchegay/Campbell (à tort) : Pensons
oy [*sic*] pour insensés

ANNEXE I

Histoire et provenance du manuscrit

Manuscrit 129 A 23, Koninklijke Bibliotheek, La Haye, Pays-Bas

[*Description du catalogue*]	[*Traduction*]
Franse minnedichten verzameld door F.A.D.M. [François Auzière de Montpellier] voor Louise de Coligny (1553-1620), latere echtgenote van Willem I van Oranje-Nassau, ter gelegenheid van haar eerste huwelijk met Charles de Téligy (-1572) in 1572 [*sic : actually May 1571*]. Met latere toevoegingen.	Poèmes d'amour français recueillis par F.A.D.M. [François Auzière de Montpellier] pour Louise de Coligny (1553-1620), dernière femme de Guillaume I d'Orange-Nassau, au moment de son premier mariage à Charles de Téligny (m. 1572) en 1572 [*sic : mais le mariage a eu lieu en mai 1571*]. Avec des passages ajoutés plus tard.
Band uit de 'Derde stadhouderlikuke binderij, ca. 1760-ca. 1766.	Reliure de l'atelier de reliure du Stadhouder vers 1760 – vers 1766.
Voormbezit :	Provenance :
1) Louise de Coligny (1572) ; prinsen van Oranje-Nassau ; stadhouderlijke bibliotheek in Den Haag (cat. 1686, f. 222r nr. 747)	1) Louise de Coligny (1572) ; les princes d'Orange Nassau ; la Bibliothèque du Stadhouder à la Haye (cat. 1686, f. 222r nr. 747)
2) Oranje-Nassau, prinsen van	2) Les princes d'Orange-Nassau
3) auctie P. van Cleef en D. Monnier te Den Haag, 1 dec. e.v. 1749, cat. Frederik Hendrik, (p. 217 nr. 60)	3) Vente aux enchères, P. van Cleef et D. Monnier, la Haye, le 1er déc. 1749, cat. Frederik Hendrik, p. 217 n. 60.
4) Gekocht door J. Royer voor stadhouder Willem IV	4) Acheté par J. Royer pour le stadhouder William IV
5) stadhouder Willem V	5) Le stadhouder William V

6) in 1798 verworven, stadhouderlijke bibliotheek (cat. 1795, fo. 105, nr. 98).	6) En 1798, acquisition de la Bibliothèque du stadthouder, La Haye (cat. 1795, f. 105, nr. 98).

ANNEXE II

Contenu du manuscrit

90 feuilles de papier chiffons, reliure du 18e siècle.

Les pages ont été légèrement coupées lors de la reliure ; quelques fins de phrases ont été coupées ou cachées.

Feuille	Description	Lieu et date de la transcription
1r°	De deux poëtes de ce temps	? après la création du ms. ?
1v°	Poème de dédicace de huit vers « À tresillustre et tresvertueuse dame Madame de Teligny pour la transcription de ce livre »	La Rochelle, vers mai 1571
2r°	Sonnet : « Aux Lecteurs sur le sujet de ce Livre »	"
Ff. 1-33r°	Poèmes de Jacques Constans, transcrits par FADM (Françoys Auzière de Montpelier) (poésie d'amour)	"
Ff. 34r°-54v°	Plusieurs écritures (poésie d'amour)	"
Ff. 55r°-59r°	Élégie « Pastorale ». (Pour Odet d'Andelot, frère puîné de Louise, mort en 1580)	? après 1580
Ff. 59v°-61v°	Feuilles blanches	
Ff. 62r°-67v°	Plusieurs écritures. « Sur la mort de Monsieur l'Admiral », « Sur la mort de Monsieur de Chastillon », paraphrases de psaumes, poèsie d'amour. (Bertaut)	? après août 1572, probablement après 1601

F. 68r^{o}	feuille blanche	
F. 68v^{o}	Epithete en latin, trois vers	
F. 69r^{o}-73r^{o}	Poèmes d'amour, y compris « L'imitation de Petrarque »	? ?
Ff. 74r^{o}-75r^{o}	« Belle cause de mes douleurs »	
Ff. 76r^{o}-78v^{o}	« Cantique faict par Monsr de Maison fleur Apres le Massacre de Paris fait à la saint Bertelomy 1572 »	? après août 1572
Ff. 79r^{o}-82v^{o}	Feuilles blanches.	
Ff 83r^{o}-90v^{o}	[Anne de Rohan], « La Patience : À Madame Madame la princesse Dorange Comtesse de Nassau »	La Haye ? après juillet 1584, probablement vers 1610.

BIBLIOGRAPHIE

SOURCES PRIMAIRES

Album de poésies des Villeroy (Ms. fr. 1663 de la BnF), éd. Colette H. Winn, Stephen Murphy, François Rouget, avec la collaboration de Jean Balsamo, Paris, Classiques Garnier, 2019.

AUBIGNÉ, Agrippa d, « Princes », *Les Tragiques, … avoués et enrichis par le sieur d'Aubigné*, s.l., s.d. [1630].

AUBIGNÉ, Agrippa d', *Histoire universelle*, t. 9, éd. Alphonse de Ruble, Paris, Champion, 1897.

AUBIGNÉ, Agrippa d', *Le Printemps, l'Hécatombe à Diane et les Stances*, éd. Henri Weber, Montpellier, Publ. de la faculté des lettres de l'Université de Montpellier, 1960.

AUBIGNÉ, Agrippa d', *Œuvres*, éd. Henri Weber et al., Paris, Gallimard, Coll. La Pléiade, 1969.

BATAILLE, Gabriel, *Quatriesme livre des Airs de différents auteurs mis en tablature de luth*, Paris, P. Ballard, 1613.

BERTAUT, Jean, *Œuvres poétiques*, Paris, par Mamert Patisson, 1601.

BERTAUT, Jean, *Œuvres poétiques*, À Paris, pour Lucas Breyel, 1605.

BERTAUT, Jean, *Œuvres poétiques* (Paris, Toussainct Du Bray, 1620), publiées par Aldophe Chenevière, Paris, Librairie Plon, 1891.

CALVIN, Jean, *Commentaires de Jehan Calvin sur le Nouveau Testament*, Paris, C. Meyrueis, 1885.

Chansonnier huguenot du XVIe siècle (Le), éd. Henri-Léonard Bordier, Paris, Tross, 1870.

CHARDAVOINE, Jean, *Le recueil des plus belles et excellentes chansons en forme de voix de ville, …*, Paris, Claude Micard, 1588.

CHOLIÈRES, Nicolas de, *La guerre des masles contre les femelles… avec les mélanges poétiques*, Bruxelles, A. Mertens et fils, 1864, réimpression de l'édition de Pierre Chevillot, Paris, 1588.

COLIGNY, Louise de, *Correspondance*, éd. Paul Marchegay et Léon Marlet, Genève, Slatkine, 1970, réimpression de l'édition de Paris de 1887.

COLIGNY, Louise de, « Lettres de Louise de Coligny aux membres de sa famille aux Pays-Bas et en France », éd. Jane Couchman, in *Lettres de femmes XVIe-XVIIIe* siècles, éd. Elisabeth Goldsmith et Colette H. Winn, Paris, Champion, 2005, p. 89-133.

« Collection des procès-verbaux des assemblées politiques des Réformés de France pendant le XVIe siècle, no. 3, Assemblée de Nîmes, décembre 1569 », *Bulletin historique et littéraire / Société de l'histoire du protestantisme français*, Paris 1877, vol. 26.

COLLETET, Guillaume, *L'Art poetique I*, éd. P. A. Janine, Genève, Droz, 1965.

CRÉPET, Eugène, sous la dir. de, *Les Poëtes français, recueil des chefs-d'œuvre de la poésie française depuis les origines jusqu'à nos jours*, vol. 2, Paris, Gide, 1861.

Delices de la poésie françoise, ou Recueil des plus beaux vers de ce temps… recueilly par F. de Rosset (Les), Paris, chez Toussainct Du Bray, 1618.

DESPORTES, Philippe, *Les œuvres de Philippes des Portes, reveues, corrigées et augmentées*, Anvers, chez Arnould Conix, 1592.

DESPORTES, Philippe, *Les Amours de Diane*, éd. Victor E. Graham, 2 vol., Genève, Droz, 1959.

DESPORTES, Philippe, *Les premieres œuvres de Philippes Desportes, derniere edition, reveüe et augmentée*, Rouen, Raphaël du Petit-Val, 1600.

Diverses poesies nouvelles, Rouen, Raphaël du Petit-Val, 1597.

DROZ, Eugénie, *Jacques Constans, l'ami d'Agrippa d'Aubigné*, Genève, Droz, 1962.

DU BARTAS, Guillaume de Salluste, *La Sepmaine, ou Creation du Monde*, s.l., Jacques Chouet, 1582.

DU GUILLET, Pernette, *Les Rymes*, Lyon, Jean de Tournes, 1545.

DU PERRON, Jacques Davy, *Les diverses œuvres de l'illustrissime Cardinal Du Perron*, Paris, Antoine Estienne, 1622.

DU PERRON, Jacques Davy, *Les Œuvres de Du Perron divisées en trois Classes*, 3 vol., Paris, 1622.

[ESTIENNE, Henri, Théodore de Bèze, et Jean de Serres], *Discours merveilleux de la vie, actions & deportemens de Catherine de Medicis, royne mere ; auquel sont recitez les moyens qu'elle a tenu pour vsurper le gouuernement du royaume de France, & ruiner l'estat d'iceluy*, s. p., s. l., 1575. https://archive.org/details/discoursmerveill00esti/page/n1/mode/2up?q=L%C3%A9on, consulté le 5 janvier 2021.

FERRAND, Jacques, *Traité de l'essence et guérison de l'amour, ou de la mélancholie érotique*, Toulouse, Colomiez, 1610.

HENRI IV, *Recueil des lettres missives de Henri IV*, éd. Jules Berger de Xivrey, t. 1, Paris, Imprimerie impériale, 1843.

JAMIN, Benjamin, « Chant du vrai amour », in *La Muse chrestienne de Pierre Poupo*, Paris, Desplanches, 1585, p. 194-201.

JAMIN, Benjamin, « Chant du vrai amour », éd. Paul Bonnefon, *Bulletin du bibliophile et du bibliothécaire*, Paris, J. Techener, 1892, p. 115-133.

JAMYN, Amadis, « De l'ire et des moyens de la moderer », in Édouard Frémy, *L'Académie des derniers Valois*, Paris, É. Leroux, 1887 ; rpr. Genève, Droz, 1969, p. 281 et 291.

[LALOUETTE, Jean], *La rencontre des Muses de France et d'Italie. À la Reine*, À Lyon, Par Jaques Roussin, 1604.

LAUDUN D'AIGALIERS, Pierre de, *Art poetique*, Paris, Antoine du Breuil, 1598.

LEJEUNE, Claude, *Second livre des meslanges de Cl. Le Jeune, natif de Vallentienne, Compositeur de la musique de la chambre du roy*, Paris, Pierre Ballard, 1612.

MAISONFLEUR, Étienne de, *Les Cantiques*, Paris, Chuppin, 1581.

Muses françoises ralliées de diverses pars : par le sieur Despinelle (Les), Paris, M. Guillemot, 1599-1600.

Muses françoises ralliées : par le sieur Despinelle (Les), Paris, M. Guillemot, 1603.

NERVÈZE, A.M. de, *L'Académie des modernes poetes françois*, Paris, Anthoine de Brueil, 1599.

OVIDE, *Héroïdes*, Loeb Classical Library, 1914. https://www.loebclassics.com/view/ovid-heroides/1914/pb_LCL041.83.xml, consulté le 5 janvier 2021.

PARTHENAY, Catherine de, Anne de Rohan et Henriette de Rohan, *Lettres de Catherine de Parthenay, dame de Rohan-Soubise, et de ses deux filles Henriette et Anne*, éd. Hugues Imbert, Niort, L. Clouzot, 1872. https://babel.hathitrust.org/cgi/pt?id=msu.31293008886800&view=1up&seq=7, consulté le 20 novembre 2020.

PÉTRARQUE, Francesco, *Cansoniere : Le Chansonnier*, édition bilingue par P. Blanc, Paris, Bordas, 1988.

Quatriesme livre des Airs de différents auteurs mis en tablature de luth par eux-mêmes, Paris, Pierre Ballard, 1622.

RETZ, Catherine de Clermont, maréchale de, *Album de poésies*, éd. Colette H. Winn et François Rouget, Paris, Champion, 2004.

ROHAN, Anne de, *Poésies d'Anne de Rohan-Soubise et lettres d'Eléonore de Rohan-Montbazon*, Paris, Auguste Aubry, 1862.

ROHAN, Anne de, « Anne de Rohan », in Stéphane Halgan, Olivier de Gourcuff et René Kerviler (dir.), *Anthologie des poètes bretons du XVIIe siècle*, Nantes, Société des bibliophiles bretons et de l'histoire de la Bretagne, 1884, p. 33-40.

[Rohan, Anne de], « La Pascience », éd. Jules Bonnet et Paul Marchegay, *Bulletin historique et littéraire de la Société de l'histoire du Protestantisme français*, vol. 35, 3e série, 5e année, 1886, p. 29-45.

ROHAN, Anne de, in *French Feminist Poems from the Middle Ages to the Present*, éd. Domna C. Stanton, trad. Dorothy Backer, New York, Feminist Press at City University of New York, 1986, p. 70-73.

RONSARD, Pierre de, *Œuvres complètes*, éd. Jean Céard et al., 2 t., Paris, Gallimard, Coll. La Pléiade, 1993-1994.

SAINTES, Claude de, *Déclaration d'aucuns athéismes de la doctrine de Calvin et Bèze*, Paris, Claude Frémy, 1568.

SCÈVE, Maurice, *Delie, Objet de plus haulte vertu*, éd. Gérard Defaux, Genève, Droz, 2004.

SÉBILLET, Thomas, *Art poétique Françoys*, éd. Félix Gaiffe, Paris, Édouard Cornély et Cie, 1910.

Septiesme livre des Airs de différents autheurs mis en tablature de luth, Paris, Pierre Ballard, 1622. http://philidor.cmbv.fr/Publications/Catalogues-de-genre/Catalogue-de-l-air-de-cour-en-France-1602-ca-1660/Liste-des-oeuvres/(filtre)//(offset)/250, consulté le 22 janvier 2021.

VALOIS, Marguerite de, *Album de poésies* (Paris, BSHPF, Ms. 816/12), éd. Colette Winn et François Rouget, Paris, Classiques Garnier, 2009.

LITTÉRATURE SECONDAIRE

AGAPIOU, Natalia, *Endymion au carrefour. La fortune littéraire et artistique du mythe d'Endymion à l'aube de l'ère moderne*, Berlin, Gebr. Mann Verlag, 2005.

ALLAIS, Gustave, *Malherbe et la poésie française à la fin du XVIe siècle (1585-1900)*, Paris, Ernest Thorin, 1892.

BAIRD, Henry M., *History of the Rise of the Huguenots*, London, Hodder and Stoughton, 1880.

BAUSCHATZ, Cathleen M., « Parodic Didacticism in the *Contes amoureux* par Madame Jeanne Flore », *French Forum*, 20, no. 1, janvier 1995, p. 5-21.

BEAUNE, Colette, *Naissance de la nation française*, Paris, Gallimard, 1985.

BEDOUELLE, Guy, et Annie Noblesse-Rocher, éd., *La Bible lue au temps des Réformes (XVIe siècle)*, Supplément Cahiers Évangile, no. 146, Paris, Éditions du Cerf, 2008.

BELLENGER, Yvonne, *Le jour dans la poésie française au temps de la Renaissance*, Tubingen, Narr ; Paris, Place, 1979.

BIET, Ch., Ch. Bouteille, S. Chevallier et R. Jobez, « L'écriture du crime dans le théâtre de la cruauté et les récits sanglants français de la fin du XVIe siècle au début du XVIIe siècle », *Littératures classiques*, 67, 2009, p. 231-245.

BORDIER, H.-L., « À monsieur N. Weiss, directeur du Bulletin, avec la réponse de Jules Bonnet », *Bulletin historique et littéraire (Société de l'Histoire du Protestantisme français)*, vol. 35, no. 6, Juin 1886, p. 279-285.

BOUTEILLE-MEISTER, Charlotte, « La représentation du régicide dans le théâtre d'actualité au début du XVIIe siècle », *Cahiers de recherches médiévales et humanistes*, 32, 2016, p. 65-79.

BROOMHALL, Susan et Jennifer Spinks, *Early Modern Women in the Low Countries : Feminizing Sources and Interpretations of the Past*, New York, Routledge, 2011.

BROOMHALL, Susan et Jacqueline van Gent, *Gender, Power and Identity in the Early Modern House of Orange-Nassau*, London et New York, Routledge, 2016.

BRUNEL, Pierre, *Dictionnaire des mythes littéraires*, Monaco, Éditions du Rocher, 1988.

BUFFARD-MORET, Brigitte, « Variété des formes de la chanson du XVIe siècle : Marot et ses successeurs », in *La chanson poétique du XIXe siècle : origine, statut et formes*, Rennes, Presses universitaires de Rennes, 2006, p. 69-92. http://books.openedition.org/pur/31700, consulté le 1 mars, 2021.

CAVE, Terence, *Devotional Poetry in France c. 1570-1613*, Cambridge, UK, Cambridge University Press, 1969.

CHARTIER, Roger, « Matérialité du texte et attentes de lecture. Concordances ou discordances ? » in *Lumen*, vol. 36, 2017, p. 1-20. https://www.erudit.org/fr/revues/lumen/2017-v36-lumen02702/1037851ar/, consulté le 27 février 2021.

CHEVALIER, Jean et Alain Gheerbrant, *Dictionnaire des symboles*, Paris, Éditions Robert Laffont, 1969.

CLOSSON, Marianne, *L'imaginaire démoniaque en France (1550-1650)*, Genève, Droz, 2000.

COCULA-VALLIÈRES, Anne-Marie, « Été 1568 : Jeanne d'Albret et ses deux enfants sur le chemin de la Rochelle », in Évelyne Berriot-Salvadore, Philipple Chareyre et Claudie Martin-Ulrich (dir.), *Jeanne d'Albret et sa cour*, Paris, Garnier, 2004, p. 33-57.

COLLIN DE PLANCY, Jacques, *Dictionnaire infernal : répertoire universel des êtres, des personnes, des livres [...] qui tiennent aux esprits [...]*, Paris, Plon, 1863. https://gallica.bnf.fr/ark:/12148/bpt6k5754923d, consulté le 22 janvier, 2021.

COUCHMAN, Jane, « Coligny, Louise de », in *Dictionnaire des femmes de l'ancienne France*, sous la dir. de la Société internationale pour l'étude des femmes de l'Ancien Régime (SIEFAR). http://siefar.org/dictionnaire/fr/Louise_de_Coligny

COUCHMAN, Jane, « '...give birth quickly and then send us your good husband...' : Form, Persuasion and Informal Political Influence in the Letters of Louise de Coligny », in *Women's Letters across Europe 1400-1700 : Form and Persuasion*, sous la dir. de Jane Couchman et Ann Crabb, Aldershot UK, Ashgate, 2005, p. 149-169.

COUCHMAN, Jane, « Petrarchan love and Huguenot resignation in an album owned by Louise de Coligny (1555 1620) », in *New Ways of Looking at Old Texts, IV*, éd. Michael Denbo, Tempe, Arizona, Arizona Centre for Medieval and Renaissance Studies & the Renaissance English Text Society, 2008, p. 193-204.

DANCOURT, Michèle, *Dédale et Icare. Métamorphoses d'un mythe*, Paris, CNRS Éditions, 2002. https://books.openedition.org/editionscnrs/4931, consulté le 22 janvier 2021.

DANNREUTHER, H., « Un monogramme symbolique huguenot : la fermesse », *Bulletin historique et littéraire* (Société de l'histoire du Protestantisme français), vol. 51, no. 1, 1902, p. 36-38.

DAUPHINÉ, James, « Le sang dans *Les Tragiques* », *Europe*, no. 563, mars 1976, p. 55-66.

DAUSSY, Hugues, « Louis de Nassau et le parti huguenot », in *Entre calvinistes et catholiques : Les relations religieuses entre la France et les Pays-Bas du Nord (XVIe-XVIIIe siècle)* [online], Rennes, Presses universitaires de Rennes, 2010. https://doi.org/10.4000/books.pur.103697, consulté le 26 janvier 2021.

DAUSSY, Hugues, *Le parti huguenot. Chronique d'une désillusion*, 2e édition, Genève, Droz, 2015.

DAUVOIS, Nathalie, « Jeanne d'Albret et les poètes de Marot à Pey de Garros », in Évelyne Berriot-Salvadore, Philippe Chareyre et Claudie Martin-Ulrich, éd., *Jeanne d'Albret et sa cour*, Paris, Garnier, 2004, p. 281-296.

DELABORDE, Jules, *Gaspard de Coligny, amiral de France*, t. 3, Paris, Fischbacher, 1882.

DELABORDE, Jules, *Henri de Coligny, seigneur de Chastillon*, Paris, Fischbacher, 1887.

DELABORDE, Jules, *Louise de Coligny, Princesse d'Orange*, Genève, Slatkine Reprints, 1970, réimpression de l'édition de Paris, 1890.

DELMAS, Louis, *L'Église réformée de La Rochelle : étude historique*, Toulouse, Société des livres religieux, 1870.

DORAIS, David, *Le corps érotique dans la poésie française du XVIe siècle*, Montréal, Presses universitaires de Montréal, 2008.

DUBOIS, Claude-Gilbert, « L'invention littéraire et les jeux de langage : jeux de nombre, jeux de sons, jeux de sens », in *Les jeux à la Renaissance. Actes du XXIIIe Colloque international d'études humanistes*, Paris, Vrin, 1982, p. 245-270.

DUROSOIR, Georgie, *L'air de cour en France : 1571-1655*, Liège, Pierre Mardaga, éditeur, 1991.

DURU, Audrey, « La poésie de la grâce en débat. Lectures et réécritures confessionnelles des poèmes chrétiens de Ph. Desportes (fin du XVIe-début du XVIIe siècle) », in Philippe *Desportes, poète profane, poète sacré.* Actes du Colloque de Chartres, octobre 2006, sous la dir. de Bruno Petey-Girard et François Rouget, Paris, Champion, 2008, p. 261-292.

ELWERT, William Th., « La vogue des vers mêlés dans la poésie du XVIIe siècle », *XVIIe siècle*, 8, 1970, p. 3-18.

EZELL, Margaret, *Writing Women's Literary History*, Baltimore, JHU Press, 1996.

FERRARIO, Fulvio, « Calvin et la providence : actualité provocatrice d'un thème embarrassant », *Études théologiques et religieuses*, t. 84, no. 3, 2009, p. 359-372. https://doi.org/10.3917/etr.0843.0359, consulté le 4 février 2021.

FERRER, Véronique, « Le Printemps d'Agrippa d'Aubigné ou les turbulences de la poésie », *Albineana, Cahiers d'Aubigné*, 22, 2010, p. 491-504.

FERRER, Véronique, « La poésie amoureuse en milieu navarrais : l'exemple de Jacques de Constans (1547-1621) », *Revue des Amis de Ronsard*, 25, 2012, p. 121-134.

FORSYTH, Elliott, *La justice de Dieu : Les Tragiques d'Agrippa d'Aubigné et la Réforme protestante au XVIe siècle*, Paris, Champion, 2005.

FRISSARD, Claude, « À propos d'un recueil de 'chansons' de Jehan Chardavoine », *Revue de musicologie*, t. 30, no. 85/88, 1948, p. 58-75.

GARRIDO, Jean-Pierre, « Roland fou furieux », *Chroniques italiennes*, 45, no. 1, 1996, p. 1-47. http://chroniquesitaliennes.univ-paris3.fr/PDF/45/Garrido.pdf, consulté le 30 avril 2020.

GIRAUD, Yves, « La diffusion des thèmes pétrarquistes dans la chanson française jusqu'en 1550 », in *La chanson à la Renaissance*. Actes du XXe Colloque d'Études humanistes du Centre d'Études supérieures de la Renaissance de l'Université de Tours, juillet 1977, Tours, Éditions van de Velde, 1981, p. 60-79.

GRENTE, Georges, *Jean Bertaut : abbé d'Aulnay, premier aumônier de la Reine, évêque de Séez*, Paris, Librairie Victor Lecoffre, 1903.

GUIRAUD, Louise, *Études sur la réforme à Montpellier*, t. I, Montpellier, Vallat, 1918.

HAAG, Eugène et Émile, *La France Protestante*, 2e édition, t. 1, Paris, Sandoz & Fischbacher, 1877.

HABERT, Mireille, « Baisers volés. Le baiser poétique à la Renaissance », *Travaux & documents, Université de La Réunion, Faculté des lettres et des sciences humaines*, 2009, Journées de l'Antiquité 2008, p. 171-190. https://hal.univ-reunion.fr/hal-02167677, consulté le 30 avril 2020.

HAMILTON, Tom, *Pierre de L'Estoile and His World in the Wars of Religion*, Oxford, Oxford University Press, 2017.

HAYMOZ, Jean-Yves, « Tout ce qui est de plus beau » in *Autant en emporte le vent : Chansons de Claude Le Jeune*, Ensemble Clément Janequin, Harmonia mundi HMA 1951863, 2005. http://www.harmoniamundi.com/musiquedabord/pdf/PDF_1951863_F.pdf, consulté le 11 février 2021.

HUWÉ, Cédric, *Les représentations de Cupidon et de la mythologie de l'amour dans Les Masques de Ben Johnson*, Saint-Denis, Éditions Connaissances et Savoirs, 2017.

JACQUOT, Jean, éd., avec la collaboration de Marcel Odon, *Les tragédies de Sénèque et le théâtre de la Renaissance*, Paris, Éditions du Centre national de la recherche scientifique, 1964.

JARDINE, Lisa, *The Aweful end of William of Orange*, New York, Harper-Collins, 2005.

JONES-DAVIES, M.T., éd., *Le paradoxe au temps de la Renaissance*, Paris, Librairie Jean Touzot, 1982.

KASTNER, Léon Émile, « History of the *terza rima* in France », *Zeitschrift für Französische Sprache und Literatur*, 26, 1904, p. 241-253.

KUSHNER, Eva, *Le dialogue à la Renaissance : Histoire et poétique*, Genève, Droz, 2004.

LA CHARITÉ, Claude, « Supercherie et désattribution des 'Premières œuvres poétiques' (1581) : l'improuvable inexistence de Marie de Romieu », in *Femmes à l'œuvre dans la construction des savoirs, in Savoirs en texte* (2020). https://f-origin.hypotheses.org/wp-content/blogs.dir/5427/files/2020/02/LaCharit%C3%A9-Femmes-%C3%A0-lœuvre.pdf, consulté le 31 janvier, 2021.

LACHÈVRE, Frédéric, *Bibliographie des recueils collectifs de poésies publiés de 1597 à 1700*, t. 1, Paris, Libr. Henri Leclerc, 1901.

LANGER, Ulrich, « In the St. Bartholomew's Day Massacre, thousands of Protestants are killed in Paris and throughout France : Poetry and Action », in Denis Hollier, *A New History of French Literature*, Cambridge, MA and London, UK, Harvard Univ. Press, 1989, p. 231-235.

LARSEN, Anne R., « 'Un honneste passetems' : Strategies of Legitimation in French Renaissance Women's Prefaces », *L'Esprit Créateur*, vol. 30, no. 4, 1990, p. 11-22.

LAVAUD, Jacques, *Un poète de cour au temps des derniers Valois : Philippe Desportes (1546-1606)*, Paris, Droz, 1936.

LEBLANC, Paulette, *Les paraphrases françaises des Psaumes à la fin de la période baroque : 1610-1660*, Paris, PUF, 1960.

LE ROUX, Nicolas, « Le point d'honneur, la faveur et le sacrifice : recherches sur le duel des mignons d'Henri III », *Histoire, Économie et Société*, 16e année, no. 4, 1997, p. 579-595.

MACÉ, Stéphane, « Les mutations de l'espace pastoral dans la poésie baroque », *Études littéraires*, vol. 34, no. 1-2, hiver 2002, p. 169-177.

MARCHEGAY, Paul, *Recherches sur les poésies de Mlles de Rohan-Soubise : Anne de Rohan, Henriette de Rohan, Catherine de Rohan*, Les Roches-Baritaud, 1874.

MARCHEGAY, Paul, « Un poème inédit de Mademoiselle Anne de Rohan-Soubize », *Annuaire de la Société d'émulation de la Vendée*, 1885, p. 1-16.

MARCHEGAY, Paul et Jules Bonnet, « 'La Patience' : Un poème inédit d'Anne de Rohan, publié d'après le manuscrit de la Bibliothèque royale de la Haye », *Bulletin de l'histoire du Protestantisme français*, 15 janvier 1886, p. 3-19.

MATHIEU-CASTELLANI, Gisèle, *Les thèmes amoureux dans la poésie française* (1570-1600), Paris, Klincksieck, 1975.

MATHIEU-CASTELLANI, Gisèle, « La poésie amoureuse à la fin du XVIe siècle d'après les recueils collectifs (1597-1600) », *Revue d'histoire littéraire de la France*, 76e année, no. 1, janv.-févr. 1976, p. 3-19.

MATHIEU-CASTELLANI, Gisèle, « La figure mythique de Diane dans *L'Hécatombe* d'Aubigné », *Revue d'histoire littéraire de la France*, 78, no. 1, janv.-févr. 1978, p. 3-18.

MATHIEU-CASTELLANI, Gisèle, *Mythes de l'Éros baroque*, Paris, PUF, 1981.

MATHIEU CASTELLANI, Gisèle, « Sponde : Poétique du sonnet rapporté », *Littératures*, 15, 1986, p. 25-43. https://www.persee.fr/doc/litts_0563-9751_1986_num_15_1_1878, consulté le 1er mars 2021.

MATHIEU-CASTELLANI, Gisèle et Jacques Pineaux, « La poésie », in Robert Aulotte, éd., *Précis de la littérature française du XVIe siècle*, Paris, PUF, 1991.

MÉLANÇON, Robert, « Le rite de l'Hécatombe. *Le printemps* d'Agrippa d'Aubigné », *Études françaises*, 11, no. 1, février 1975, p. 5-20.

MEZZETTI, Monia, « Un poète méconnu de Marie Stuart, Jérôme Lhuillier de Maisonfleur », *Studi francesi*, 157 (LIII / I), 2009, p. 102-111. https://doi.org/10.4000/studifrancesi.8157, consulté le 22 janvier 2021.

MEZZETTI, Monia, « La poésie profane de Maisonfleur », *Studi francesi*, 162 (LIV | III), 2010, p. 481-489. https://doi.org/10.4000/studifrancesi.6162, consulté le 22 janvier 2021.

MILLET, Olivier, « Hiéroglyphes et allégorie dans la première moitié du XVIe siècle : de la reconfiguration humaniste de l'allégorisme », *Revue d'histoire littéraire de la France*, vol. 112, no. 2, 2012, p. 263-276.

MONFERRAN, Jean-Charles, « 'Declique un li clictis' : la poésie sonore de Jacques Peletier du Mans », in *À haute voix : diction et prononciation aux XVIe et XVIIe siècles*, Paris, Klincksieck, 1998. http://www.hatt.nom.fr/rhetorique/articl8.htm, consulté le 10 août 2020.

MORAND, Laurent, « La Savoie et les Savoyards au XVIe siècle », Discours de réception prononcé à l'Académie des Sciences, Belles-Lettres et Arts de Savoie, *Mémoires de l'Académie des Sciences, Belles-Lettres et Arts de Savoie*, 3e série, t. IX, 1883, p. 31.

MORERI, Louis, *Le grand dictionnaire historique*, Paris, chez les libraires associés, 1759.

NOAILLY, Jean-Michel, « Le Psautier des Églises Réformées au XVIe siècle », *Chrétiens et Sociétés*, no. spécial 1, 2011, p. 57-90.

PASTOUREAU, Michel, *Noir : histoire d'une couleur*, Paris, Éditions du Seuil, 2008.

PELLEGRINO, Carlo, *La prima opera di Margherita di Navarra et la terza rima in Francia*, Catania, Francesco Battatio, 1920.

PETEY-GIRARD, Bruno, « Le poète érudit : Desportes, traducteur des Psaumes », *Revue d'histoire littéraire de la France*, 105e année, no. 1, janvier-mars 2005, p. 37-53.

PETEY-GIRARD, Bruno et François Rouget, éd., *Philippe Desportes : poète profane, poète sacré. Actes du Colloque international de Chartres (14-16 septembre 2006)*, Paris, Honoré Champion, 2008.

PIGNÉ, Christine, « L'âme dans les œuvres de Ronsard. De 'l'image trespetite / De l'image de Dieu' aux ombres des morts », *Réforme, Humanisme, Renaissance*, 69, 2009, p. 125-144.

PINEAUX, Jacques, « Poésies protestantes au XVIe siècle après la Saint-Barthélemy », *Revue d'histoire littéraire de la France*, 73e année, no. 5, sept.-oct. 1973, p. 794-803.

POUCET, Jacques, « L'origine troyenne des peuples d'Occident au Moyen Âge et à la Renaissance. Un exemple de parenté imaginaire et d'idéologie politique », *Les Études Classiques*, 72, 2004, p. 75-105.

RAMBEAUD, Pascal, « La Rochelle de 1568 à 1576 : la part du politique et du religieux », *Bulletin de la Société de l'histoire du Protestantisme français* (1903-2015), vol. 138, juillet-août-septembre 1992, p. 391-401.

REGOSIN, Richard, « D'Aubigné's *Les Tragiques* : A Protestant Apocalypse », *PMLA*, 81, no. 5, oct. 1966, p. 363-368.

RENTING, A. D., J. T. C., Renting Kuijpers et Anna Sophia Korteweg, éd., *The Seventeenth Century Orange-Nassau Library : The Catalogue Compiled by Anthonie Smets in 1686, the 1749 Auction Catalogue, and Other Contemporary Sources*, The Hague, Hes & de Graaf, 1993.

REULOS, Michel, « Le synode national de La Rochelle (1571) et la constitution d'un 'parti' protestant », in *Actes du colloque l'Amiral de Coligny et son temps* (Paris, 24-28 octobre 1972), Paris, Société de l'histoire du Protestantisme français, 1974, p. 707-716.

ROCHON, André, « La folie d'amour dans le Roland furieux : la sagesse ambiguë de l'Arioste », in *Visages de la folie (1500-1650).* Études réunies par Augustin Redondo et André Rochon, Paris, Publications de la Sorbonne, Série Études no. 16, 1981, p. 93-100.

ROUGET, François, *L'apothéose d'Orphée : l'esthétique de l'ode en France au XVIe siècle*, Genève, Droz, 1994.

ROUGET, François, « Academies, Circles, 'Salons' and the Emergence of the Premodern 'Literary Public Sphere' in Sixteenth-Century France », in *Making Publics in Early Modern Europe : People, Things, Forms of Knowledge*, éd. Bronwen Wilson et Paul Yachnin, Milton Park, Abingdon (UK), Routledge, 2011, p. 53-67.

SCARLATTA, Gabriella, *The Disperata, from Medieval Italy to Renaissance France*, Kalamazoo, MI, Medieval Institute Publications, 2017.

SOULIÉ, Marguerite, *L'inspiration biblique dans la poésie religieuse d'Agrippa d'Aubigné*, Paris, Klincksiek, 1977.

SPEYER, Miriam, « 'Eh bien, ma sœur, separons-nous' : La chanson dans les recueils poétiques et musicaux du premier XVIIe siècle », *Papers on French Seventeenth Century Literature*, 44, no. 86, 2017, p. 35-59.

STACY, Sarah Alyn, *Marc-Claude de Buttet (1529/31-1586). L'honneur de la Savoie*, Paris, Classiques Garnier, 2006.

STEGMANN, André, *Les édits des guerres de Religion*, Paris, Vrin, 1979.

STUREL, René, *Bandello en France au XVIe siècle*, Genève, Slatkine Reprints, 1970.

THUROT, Charles, *De la prononciation française depuis le commencement du XVIe siècle*, 2 vol., Paris, Imprimerie nationale, 1883.

TIERSOT, Henri, *Histoire de la chanson populaire en France*, Paris, Plon, 1889.

TOMARKEN, Annette, « 'Icy dessoubz'. La rhétorique de l'épitaphe dans la génération Marot », in *La génération Marot : poètes français et néo-latins (1515-1550)*, éd. Gérard Defaux, Paris, Champion, 1997, p. 299-313.

TRISTAN, Marie France, « L'art des devises au XVIe siècle en Italie : une théorie du symbole », in *Emblèmes et devises au temps de la Renaissance*, sous la dir. de M. T. Jones-Davies, Paris, J. Touzot, 1981, p. 47-63. http://www.mariefrancetristan.com/Emblemes-et-devises.asp, consulté le 13 avril 2020.

VAN HAMEL, A.-G., « L'album de Louise de Coligny », *Revue d'histoire littéraire de la France*, 10, 1903, p. 232-255.

VAN TOL, J., « William of Orange in France and the Transnationality of the Sixteenth-Century Wars of Religion », BMGN – *Low Countries Historical Review*, 134, no. 4, 2019, p. 51–55. DOI : http://doi.org/10.18352/bmgn-lchr, consulté le 26 janvier 2021.

VÉNARD, Marc, « La grande cassure », in Jacques le Goff et René Rémond, éd., *Histoire de la France religieuse : XVIe-XVIIIe siècle*, vol. 2, Paris, Seuil, 1988, p. 313-316.

VIGNES, Jean, « Pour une gnomologie : enquête sur le succès de la littérature gnomique à la Renaissance », *Seizième Siècle*, no. 1, 2005, p. 175-211.

WEBER, Henri, « Poésie polémique et satirique de la Réforme sous les règnes de Henri II, François II et Charles IX », *CAIEF*, vol. 10, no. 1, mai 1958, p. 89-118.

WEBER, Henri, « Le paradoxe dans quelques poèmes de Ronsard », in Yvonne Bellenger et al. (dir.), *Études ronsardiennes II. Ronsard en son IVe centenaire. L'art de la poésie*, Genève, Droz, 1989, p. 111-126.

WEINBERG, Kurt, « Verbal Labyrinths in Sponde's *Stances et Sonnets de la Mort* », *Esprit Créateur*, 16, no. 4, 1976, p. 134-152.

YANDELL, Cathy, *Carpe Corpus. Time and Gender in Early Modern France*, Newark, University of Delaware Press, 2000.

YATES, Frances A., *Les académies en France au* XVIe *siècle*, trad. de l'anglais par Thierry Chaucheyras, Paris, PUF, 1996.

ZANARDELLI, Tito, *Traité comparé de la prononciation italienne*, Paris, Ch. Delagrave, 1887.

ZUMTHOR, Paul, *Essai de poétique médiévale*, Paris, Seuil, 1972.

GLOSSAIRE

abatardir (s') [86v°] : dégénérer
abonder [38v°] : posséder beaucoup
abysmer [13v°] : sombrer dans l'abîme
acomparer [42v°] : comparer
acroire (faire) [41v°] : faire croire
adamite (race) [84v°] : les êtres humains, les descendants d'Adam
adingez [88v°] : accordés (term. légale)
agraver (s') [84v°] : s'appesantir
allegeance [24v°] : soulagement, répit
alme [48] : généreuse, libérale
amorce [17v° *sq.*] : leurre, piège
amortir [3, 15-17] : diminuer l'ardeur
antez [53] : entés, greffés
apostume [85] : tumeur
appendre [63] : suspendre, attacher
apris [38] : instruit
archerot [22] : petit archer (Cupidon)
ardre [22 *sq.*] : brûler
areines [8v°] : étendue de sable
arnée [62] : hargneuse, tourmentée
arresté [50] : constant
ars (de ardre) [45] : feu
atyzer [71v°] : attiser (un feu)
atteintes [22] : tentatives

babiller [43v°] : tenir propos galants
babiz [43v°] : propos légers, propos galants
bander contre (se) [84] : se grouper contre
bienheurer [88v°] : rendre heureux
bize [7v°] : vent du nord ou du nord-est, sec et froid (bise)
blasonner [85v°] : normalement, louer, exalter; au XVIe, louer, ou blâmer, vitupérer.
blasphemer [14v°] : outrager par des paroles injurieuses
bourrelle [3v°] : femme qui inflige la torture
branchu [85] : plein de branches
brandon [3, 48] : torche de paille
brasser [22v°] : préparer sournoisement
bris [62] : action de briser
brosser [84] : s'esquiver
brouillas [56] : atmosphère opaque, brouillard, confusion
bruire [9 *sq.*] : gronder, hurler
brutes [20] : sauvages

carresser [42v°] : accueillir
cauteleus [46] : rusé, malicieux
change [25] : changement en amour
chastier [84v°] : punir
chenu [5v°] : vieux
chevance [88v°] : possession, héritage
congé [89v°] : permission, autorisation
contenance [83] : face, visage
contrefait [41v°], contrefaitte [38v°] : faux, fausse
contrister [89v°] : rendre triste
cornues [9v°] : pointues
corone [49v°] : couronne
couler [83v°] : glisser
courage [6v°] : cœur
couru de [3] : poursuivi par
couvert (au c. de) [26v°] : à l'abri
crasse [20v°] : partie la plus grossière
cuider [14] : croire, s'imaginer

debile [36v°, 50v°] : faible, défaillant
deceus [20] : trahis, trompés, induits en erreur
demeurance [24v° *sq.*] : demeure

departir [88v°] : distribuer, donner en partage, partager
derretté [45] : libéré (d'un rets)
desbrouiller [38] : rendre intelligible ce qui ne l'est pas
despiter [86] : braver, défier
despitez [19 *sq.*] : fâché, irrité
despits [76v°] : attitude de mépris
desplaisance [86v°] : mécontentement
desplaisir [49v°] : douleur, chagrin, peine
desseigner [70] : tracer
destramper [57v°] : détremper, essuyer
deuloir, douloir [9, 24, 57] : s'affliger
devaler [22] : descendre
devant [23v°] : avant, auparavant
devant que + inf. [34] : avant de
diserte [90v°] : éloquente
dommaige [39v°] : peine

ebranler [85v°] : susciter de la crainte
effroyante [19] : effrayante
emperiere [48v°] : impériale
emplastre [31v°] : onguent étendu sur un morceau de linge à appliquer sur la partie malade, pansement
emplumé [28] : couvert de plumes
encendrer (s) : [48v°*sq.*] : se réduire en cendres
encombres [32v°] : maux
enfumée [50] : noircie par la fumée
engeance [36] : race
ennuy(s) [14, 39v°] : tourment(s)
enquerir [84v°] : chercher à savoir
ensemble [83] : à la fois
enserrer [39v°] : produire des contraintes
erreur [9] : errement
esbas [89] : jeux, amusements, récréation
esbatement [4v°] : jeux, divertissement
esblouye [83] : obscurcie à la suite d'un éclat trop vif
escailé [48v°] : rugueux, couvert d'écailles tranchantes ; (peuple) escaillé [77] : poissons
escars [87] : (*ou* eschars) avare, peu copieux
esclaver [36, 48 *sq.*] : rendre esclave
escorpion [16] : scorpion
escrain [89] : petit coffret, ordinairement couvert de chagrin, pour mettre bagues et pierres.
esjouissance [24v°] : réjouissance
eslongné [49v°] : éloigné
esmeu à [14v°] : incité à
espace [85v°] : laps de temps
espandu [4v°] : répandu
espars [26v°] : éparpillés
espée [3v°] : épée
esplorée [26v°] : épleurée
estonner [9 *sq.*] : frapper de stupeur

faconde [38v°] : éloquence
fais [5 *sq.*] : poids, masse
fans [54] : faons
fard [18] : feinte, dissimulation
fascherie [49v°] : peine, souffrance
faus (falloir, v. pers.) [37] : manquer
fenée [3v°] : séchée
ferir [22] : frapper
fichez [83v°] : enfoncés
finer [22v°] : finir
flofloter [83v°] : onduler comme les flots de la mer
fondrières [84] : terrains sédimenteux, chemins qui s'effondrent
forcené [3v°] : fou
formys [28] : fourmi
fort [3] : n. m. refuge
franc [17v° *sq.*] : cultivé ; [38v°] vrai
franchise [24, 50v°] : liberté
frayé [18] : fréquenté
froidure [8v°] : froid, refroidissement
fureur [5v°] : emportements de la passion

garentir [22v° *sq.*] : protéger
gasoilliz [50] : gazouillis
genne [43] : torture
griefves [11v°] : douloureuses
guarir [57v°] : guérir
guarison [13v°] : guérison

guerdonner [90v°] : récompenser
guinder [70] : se hisser

hautain [49] : haut, élevé
hazarder de [49v°] : se hasarder à
heur [15v°] : bonheur
heurer / bien heurer [50, 88] : favoriser, bien augurer
hots [63v°], osts [207] : armée
huys [3v°] : porte d'une maison

impiteus [36v°] : impitoyable
importable [46] : insupportable
incessamment [12] : sans cesse
inique [3v°] : injuste
ire [5v°] : colère violente

jouir [58] : éprouver du plaisir, de la joie

lairrez [34v°] : laissez
lame [4] : pierre tombale ; [33v°, 59] : lame de l'épée
laqs [76] : réseau de fils entrelacés, piège
largesses [87] : générosité
larrecin [34] : larcin
larronnesse [48] : fém. de larron
las [6 *sq.*] : hélas ; (n.m.) [41, 48v°] : lien, lacet
lauriots [19] : lauriers
lieure [45] : lien, ruban
loyer [89] : prix

malheurté [88] : malheur
manoir [16v°] : demeure
mattez [85v° *sq.*] : abattus, vaincus
meffaire [26v°] : faire du mal, nuire
mesnagement [28] : administration d'une maison
mestier [85v°] : activité, occupation
mutiné [84] : séditieux

naufs [83v°] : nefs
nauthonnier [19v°] : marin
navré [87] : blessé (sens phys. et/ou mor.)
nayf [18] : naturel, véritable
nocher [70v°] : celui qui conduit une embarcation
noise [46v°] : querelle
nuaux [64] : nuages
nue(s) [9v°, 38] : nuage(s)

obscur (n.m.) [38] : ce qui est inintelligible
occire [23] : tuer
oir, oyr [9 *sq.*] : entendre, écouter
oiselet [28] : petit oiseau
onde [10v°, 44] : mer ; [31] flot
ores [4, 63v°] : maintenant, à présent
oubliance [3v°] : oubli
ouir [50v°, 61, 71, 85, 87v°] : entendre
oultré [45] : vaincu
outrager [87] : traiter avec violence
outtrecuider [48] : présomption, confiance excessive en soi

paistre [6v°] : nourrir, combler ; (se paître) [43] : se nourrir de
palme [36v°] : palmier
pansemens [83] : pensées
paravant [4v°] : auparavant
partement [39v°] : départ
partir (se p. de) [10v°] : partir, s'en aller
par trop [46, 86] : avec excès
past [44] : nourriture, repas
patron [5] : modèle
peinture (en) [43v°] : représenté en peinture
perdurable(s) [25, 42] : qui dure(nt) toujours, longtemps
perruques [32v°] : chevelures
piteux [86v°] : sensible à la pitié
pitoiable [87] : compatissant, miséricordieux
plorer [31v° *sq.*] : pleurer
poiser [87 *sq.*] : évaluer, peser
pollus [76v°] : profanés, pollués
port [25v°] : manière de se conduire, comportement
portraire [38v°] : dessiner, graver

posons que [88v°] : supposons que
pource que [10v°] : parce que
pourpris [46v°] : ciel
propice [36v°] : bienveillant

qui (emphase) [32v°] : vous qui

rage [3 *sq.*] : fureur amoureuse
raiz [6v° *sq.*] : rayons
ramage [12] : chant qui vient des oiseaux dans les bois
rambarer [62] : repousser
ramée [50] : taillis
rechef (de) [50] : de nouveau
regretter [50] : se lamenter, pleurer sur qch
relasche [6] : diminution, allègement
repentance [37] : repentir
ressouvenir [36] : mémoire des choses passées
reth, retz [26, 22] : filet(s), piège(s)
retraitte [83] : repos
rien moins (phrase nég.) [26v°] : tout sauf
ris, riz [3] : sourire ; [32] rire

sablons [84] : plages de sable
secourables [31v°] : qui apporte du secours
seel [89] : sceau
semblance [50v°] : apparence
seps [54] : ceps, pied de vigne, bois de vigne
sercher [46] : chercher
si [13v°] : (en début de phrase) aussi
silvains [56v°] : forêts
sinistre [16v°] : qui est à craindre, dangereuse
si que [12] : à tel point que
soucy [24v°, 49v°] : chagrin
soudre [45] : payer, acquitter
souefves [58v°] : suaves
soulas [87] : plaisir, joie ; [58v°] soulagement, consolation
souloir [11v° *sq.*] : avoir coutume de
sourcilleuses [9] : graves, sérieuses, austères
souvenance [25v°] : souvenir
souventeffois [25v°] : souvent, maintes fois
stigienne (l'onde) [69] : du Styx, fleuve des enfers
substante [87v°] : entretien
subtilement [49] : délicatement, finement
subtilitez [85] : ruses
subtils [84] : habiles, astucieux
sutile [41v°] : légère, fluide

tant que + subj. [83] : jusqu'à ce que
targe [83v°] : bouclier rond
terriens [86v°] : terrestres (par opp. à célestes)
tesmoigner [27v°, 29] : attester, faire voir
toffues [32] : touffues
tortis [32v°] : entortillement ; [83v°] : couronne ou guirlande de fleurs
tourtre [54] : tourterelle
trai(c)t(z), trez [19v°, 32] : flèches
tranchans [76v°] : épées (qui coupent)
travail [13v° *sq.*] : tourment

usure [55] : gain, intérêt de l'argent prêté

vanter [50v°] : louer, exalter ; [63v°] : se vanter de, avoir confiance en
vergongneux [48v°] : honteux, timide
verjust [86v°] : suc acide des raisins avant leur maturité
vienca [84v°] : viens ça, viens ici ; *fig.* voyons !

INDEX NOMINUM

INDEX RERUM

TABLE ALPHABÉTIQUE DES INCIPIT

TABLE ALPHABÉTIQUE DES TITRES

TABLE DES MATIÈRES

ALBUM LOUISE DE COLIGNY

IMPRIM'VERT®

Achevé d'imprimer par Corlet,
Condé-en-Normandie (Calvados), en septembre 2021
N° d'impression : 173112 - dépôt légal : septembre 2021
Imprimé en France